AF329822

# LES ÉTATS-UNIS
# ET LA COUR PERMANENTE
## DE
# JUSTICE INTERNATIONALE

PAR

## LAWRENCE EGBERT

Docteur en Droit

---

SOCIÉTÉ ANONYME

DU

# RECUEIL SIREY

22, rue Soufflot, PARIS, 5e

LÉON TENIN, Directeur de la Librairie

1926

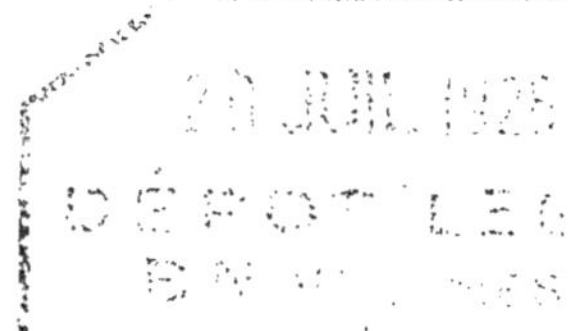

# A EVELYN FORSYTH EGBERT

MA FEMME BIEN AIMÉE

*Avec grande admiration pour son courage et sa patience,*

*Avec gratitude profonde pour sa loyauté et sa coopération,*

*Et en reconnaissance*

*du charme et de la beauté de sa personne bien unique,*

*Cette thèse est affectueusement dédiée.*

# LES ÉTATS-UNIS
# ET LA COUR PERMANENTE
## DE
# JUSTICE INTERNATIONALE

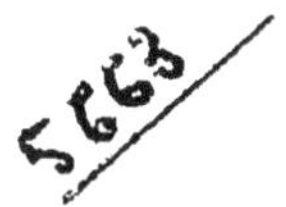

# LES ÉTATS-UNIS ET LA COUR PERMANENTE DE JUSTICE INTERNATIONALE

PAR

## LAWRENCE EGBERT

Docteur en Droit

———

SOCIÉTÉ ANONYME
DU
RECUEIL SIREY
22, rue Soufflot, PARIS, 5ᵉ
LEON TENIN, Directeur de la Librairie

—

1926

# A EVELYN FORSYTH EGBERT



*Avec grande admiration pour son courage et sa patience,*

*Avec gratitude profonde pour sa loyauté et sa coopération,*

*Et en reconnaissance*

*du charme et de la beauté de sa personne bien unique,*

*Cette thèse est affectueusement dédiée.*

## INTRODUCTION

L'étude qui va suivre comprendra trois parties :

La première s'attache à montrer que l'entrée des
États-Unis à la Cour Permanente de Justice Internationale n'est que l'aboutissement logique de leur
histoire et de leurs traditions. Elle comporte deux
chapitres : l'un est consacré à la Cour Suprême des
États-Unis et essaye d'indiquer les ressemblances et
les différences de cette Cour avec la Cour Permanente
de Justice Internationale ; l'autre s'attache à suivre
l'évolution qui a amené les États-Unis de procédés
violents aux procédés pacifiques de solution des
litiges entre États. Il relève notamment les arbitrages principaux du XIXᵉ siècle dans lesquels les
États-Unis ont été parties, il souligne le rôle de
l'Amérique dans l'institution de la Cour Permanente
d'Arbitrage, ses efforts pour arriver à la création
d'une Cour de Justice Arbitrale, et pour conclure

des Traités d'arbitrage. La conclusion logique qui se dégage, semble-t-il, de ces chapitres, c'est que, *a priori*, les États-Unis doivent être favorables à l'établissement d'une Cour Permanente de Justice Internationale. Mais encore est-il que cette Cour doit présenter des garanties, soit quant à son organisation, sa compétence et sa procédure.

C'est pourquoi la deuxième partie de cette étude est consacrée à la Cour Permanente de Justice telle qu'elle existe et qu'elle fonctionne à la Haye. Cette Cour, par son organisation, sa compétence, sa procédure et son œuvre, mérite-t-elle que les États-Unis y adhèrent ? Ou bien au contraire, sont-ils sagement inspirés en restant à l'écart, parce qu'elle n'est qu'une caricature de l'idéal vers lequel ils ont tendu de tous leurs efforts depuis la proclamation de leur indépendance ? Sans doute, l'organisation, la compétence, la procédure et l'œuvre de la Cour sont des choses connues ; mais nous les avons examinées d'un point de vue américain, ce qui peut donner une couleur propre à nos constatations et observations. Nous sommes arrivés à la conclusion que la Cour actuelle, sans être parfaite, était déjà une institution d'un haut intérêt. Et alors nous avons abordé la troisième et dernière partie de notre étude.

Quel est l'état de l'opinion publique par rapport

à cette Cour ? Et quel est l'état de l'opinion des milieux officiels ? Pourquoi le Sénat a-t-il fini par donner son assentiment à l'adhésion ? Et sous quelles réserves ? Tous ces points ont fait de notre part l'objet d'un examen détaillé. Très heureux si nous pouvons contribuer, même dans une faible mesure, à éclairer l'opinion française sur le véritable visage de l'Amérique. Ce pays est aussi épris qu'aucun autre de justice et de paix ; mais il entend rester maître de ses destinées et ne pas aliéner sa souveraineté aux mains d'un aéropage, qui malheureusement n'est pas toujours mû par des idées de pure justice, mais quelquefois par des mobiles politiques. C'est pourquoi les États-Unis, tout en adhérant à la Cour Permanente de Justice Internationale, entendent rester en dehors de la Société des Nations dont l'action sur la Paix n'est pas encore parfaitement établie.

# PREMIÈRE PARTIE

---

## CHAPITRE PREMIER

### LA COUR SUPRÊME DES ÉTATS-UNIS ET LA COUR PERMANENTE DE JUSTICE INTERNATIONALE

La première contribution importante des États-Unis au règlement juridique des litiges internationaux réside dans la création d'une Cour Suprême. On tracera dans ce chapitre les étapes du développement de cette Cour en tant que tribunal qui tranche des affaires entre États ; et puis on la comparera avec la Cour Permanente de Justice Internationale de la Haye.

Ce fut en 1775 que les treize colonies anglaises d'Amérique s'insurgèrent contre la mère-patrie. Dès l'année suivante, elles se déclarèrent États souverains et indépendants ; dès 1778 elles furent reconnues en cette qualité par la France, et peu après par les autres Puissances, à la suite du traité de 1783.

Cette indépendance, conquise par la guerre, il fallait la sauvegarder ; de là le groupement de ses colonies en union fédérale dont la charte se trouve dans « les Articles de Confédération ».

Ces articles s'inspirent de l'idée fondamentale suivante : les États particuliers gardent l'intégralité et la plénitude de leurs droits, exception faite de ceux qu'ils abandonnent expressément au Gouvernement fédéral. On remarquera l'analogie avec les principes de Jean-Jacques Rousseau sur le pacte social. D'après ce sociologue l'homme en se mettant en société, conserve tous ses droits, sauf ceux qu'il délègue à la société. D'après l'article 2 des Articles de Confédération « chaque État conserve sa souveraineté, sa liberté et son indépendance, et aussi tous les pouvoirs et droits qui ne sont pas expressément délégués aux États-Unis assemblés en Congrès par le présent acte de confédération ». On admet même que, en cas d'urgence, les États particuliers peuvent déclarer la guerre. Cette extrémité devait évidemment être écartée dans toute la mesure possible ; de là l'idée de faire trancher par une Cour les litiges qui pourraient s'élever.

Les Articles de Confédération ne créent point une

cour permanente. C'est un point qui mérite d'être souligné. L'article 9 stipule seulement l'institution de ce que Taft appelle « a kind of struck jury ». « Les États-Unis assemblés en Congrès jugeront aussi en dernier ressort tous les différends et querelles déjà existants, ou qui pourraient s'élever dans la suite, entre deux ou plusieurs États, concernant les frontières, la juridiction ou tout autre objet que ce soit ; et cette autorité sera toujours exercée de la manière suivante. Toutes les fois que le Pouvoir législatif ou exécutif, ou bien un agent régulier de quelqu'un des États en discussion avec un autre État, présenteront au Congrès une pétition exposant la question et par laquelle on demandera à être entendu, il sera donné, par ordre du Congrès communication de la pétition au Pouvoir législatif ou exécutif de l'autre État, et il sera assigné un jour aux parties pour comparaître par leurs agents réguliers, à qui pour lors il sera ordonné de nommer d'un commun consentement des Commissaires ou des Juges pour former une Cour, à l'effet d'entendre et de juger la question ; mais si ces Agents ne s'accordent pas pour faire ce choix, le Congrès nommera trois personnes de chacun des États-Unis, chacune des parties alternativement, en commençant par la partie demanderesse, effacera un nom de cette liste, jusqu'à ce qu'elle soit réduite à treize Sujets ; et sur ce nombre on tirera au sort, en présence du Congrès jamais moins de sept et jamais plus de neuf, selon que le Congrès l'ordonnera. Ceux dont les noms auront été ainsi tirés, ou cinq d'entr'eux seront Commissaires ou Juges pour entendre et juger définitivement le litige du moins si la majorité des juges qui connaîtront du litige est d'accord sur le jugement à prononcer (1) ».

En résumé, les États en conflit sont invités à choisir des arbitres ; s'ils s'y refusent, un jury est constitué par une procédure assez compliquée. Ce jury est nommé pour l'affaire en cours ; il n'est pas permanent. Ce système n'a, semble-t-il, fonctionné que pour un seul litige. Le 14 novembre 1781, le Congrès, se référant à l'article 9 précité, constitua « l'Inter-State Court at Trenton (2) » (New-Jersey). Le litige portait sur une question de frontières qui divisait la Pennsylvanie et le Connecticut. La Cour se prononça à l'unanimité en faveur de la Pennsylvanie, mais sans motiver sa décision. Le Connecticut s'inclina, si bien qu'un conflit assez délicat se termina pacifiquement, sans recours aux armes.

On se rendit assez vite compte que la procédure ci-dessus décrite n'était point exempte de graves

_______

(1) Le texte français ci-dessus après cité se trouve dans l'Appendice VI du livre de M. James M. Beck : *La constitution des Etats-Unis*, p. 210, 219.

(2) Balch, *The World Court in the Light of the United States Supreme Court*, p. 22 et suivant.

défauts. Pour les corriger une Convention fédérale se réunit à Philadelphie (Pennsylvanie) en 1787. Deux innovations essentielles furent apportées au statut antérieur : 1º à côté des souverainetés des États particuliers l'on créa une autre souveraineté : celle de la Confédération ; 2º la Cour Suprême de Justice fut instituée.

Il faut d'abord observer que cette Cour ne dépend pas des autres Pouvoirs : elle est mise sur le même plan que le Pouvoir législatif et que le Pouvoir exécutif. La Constitution des États-Unis s'occupe dans l'article 1er du Pouvoir législatif ; dans l'article 2 du Pouvoir exécutif ; dans l'article 3 du Pouvoir judiciaire. Voici les dispositions principales de cet article : « Le Pouvoir judiciaire des États-Unis est dévolu à une Cour Suprême et à telles Cours inférieures dont le Congrès peut, au fur et à mesure des besoins, ordonner l'établissemeht ; les juges de la Cour Suprême, comme ceux des Cours inférieures, conserveront leurs charges tant que leur conduite ne donnera lieu à aucun reproche et recevront, pour leurs services, à des époques déterminées, une indemnité qui ne sera susceptible d'aucune diminution pendant tout le temps qu'ils resteront en fonctions.

« Le Pouvoir judiciaire s'étendra à tous les cas de droit et d'équité, qui pourront se produire sous l'empire de la présente Constitution, des lois des États-Unis ou des traités conclus ou qui pourront être conclus sous leur autorité, à tous les cas concernant des ambassadeurs et autres ministres publics ou consuls, à tous les cas relevant de l'amirauté et de la uridiction maritime, aux différends dans lesquels les États-Unis seront partie, à ceux qui surgiraient entre deux ou plusieurs États, entre un Etat et des citoyens d'un autre État, entre des citoyens de différents États, entre des citoyens d'un même État, revendiquant des terres en vertu des concessions d'États différents, et entre un État ou des citoyens de cet État et des Puissances, des citoyens ou des sujets étrangers. Dans tous les cas concernant des ambassadeurs ou autres ministres publics et consuls, et dans ceux où un État sera partie, la Cour Suprême aura la juridiction du premier degré. Dans tous les autres cas ci-dessus énumérés, la Cour Suprême aura la juridiction d'appel, tant en droit qu'en fait, avec telles exceptions et tels règlements qu'il plaira au Congrès d'établir ».

Aux États-Unis, le pouvoir judiciaire constitue donc un pouvoir distinct et non une branche de l'exécutif. L'on peut remarquer ici qu'à cet égard l'Amérique a subi l'influence des écrivains politiques du xviiie s., spécialement de Montesquieu qui écrit dans l'Esprit des Lois : « Il n'y a point de liberté si la puissance de juger n'est pas séparée de la puissance législative et de l'éxécutrice. Si elle était jointe à la puissance législative, le pouvoir sur la vie et la liberté des citoyens serait arbitraire, car le juge serait législateur. Si elle était jointe à la puissance exécutrice, le juge pourrait avoir la force d'un oppresseur....» De ce que le Pouvoir judiciaire est l'égal des autres, il s'en suit qu'il ne doit pas pouvoir être révoqué sans de graves motifs. Cette règle de l'inamovibilité quasi-absolue des juges existe dans la constitution de plusieurs États particuliers (1), et elle a des origines très anciennes. Un statut du Parlement anglais du règne de Georges III déclare que « les commissions des juges doivent actuellement être, continuer à être et durer en pleine vigueur tant que leur conduite ne donnera lieu à aucun reproche, nonobstant la mort de sa Majesté (Whom God long preserve) ou d'aucun de ses héritiers ou successeurs.... » (2).

Dans le Federalist, Hamilton a beaucoup loué la Constitution américaine d'avoir ainsi sauvegardé l'indépendance du corps judiciaire. « Dans une monarchie, dit-il, la quasi-inamovibilité constitue une excellente barrière contre le despotisme du Prince ; dans une République contre les empiétements et l'oppression du Parlement ».

La constitution américaine n'accorde d'ailleurs l'inamovibilité aux juges pendant la durée de leurs fonctions qu'à la condition que « leur conduite soit

---

(1) Voir la Constitution de Massachusetts, chapitre iii.

(2) La citation des Statuts de George III se trouve dans « *Watson on the Constitution* » vol. II, p. 1070.

bonne ». Il y a des doutes pour savoir ce qu'il convient d'entendre par cette formule : la question pour ce qui est de la Cour Suprême n'a qu'un intérêt théorique. Un seul de ses juges, Chase, en 1858, s'est vu recherché, et encore fut-il acquitté. En fait donc, jusqu'ici, aucun juge de la Cour Suprême n'a jamais dû cesser ses fonctions avant l'expiration du terme.

Toujours dans le but de sauvegarder l'indépendance des juges, la Constitution décide qu'ils recevront un traitement convenable et que ce traitement ne pourra pas être diminué au cours de leur magistrature. On a soutenu (le Gouverneur Morris, Franklin, Madison, par exemple) qu'il pourrait être augmenté. On peut concevoir des circonstances où il devrait en être ainsi, par exemple dans le cas où, comme Marshall, un juge resterait en fonctions de longues années (1801 à 1835) et où les conditions économiques seraient changées. Mais la prudence s'imposerait pour ne pas mettre les juges sous la dépendance des autres pouvoirs.

Si bien comprise que soit l'organisation d'une Cour de Justice, elle ne donnera de résultats complètement heureux que si le personnel est bien choisi, s'il présente de hautes qualités de compétence et de caractère. C'est ce qu'avait parfaitement compris Washington, d'où le soin qu'il mit à choisir les juges de la première Cour Suprême. Il suffit de rappeler ici leurs noms : John Jay de New York, James Wilson de

la Pennsylvanie, William Iredell de la Caroline du
Nord, John Blair de la Virginie et Thomas Jefferson
du Maryland. Cette tradition s'est toujours maintenue
depuis ; le recrutement des juges s'est constamment
opéré parmi les illustres : John Marshall, Taney,
Story, etc. (1).

La question du recrutement des juges présente aux
États-Unis un intérêt considérable. Il y a de cela de
nombreuses raisons ; le prestige de la Cour y gagne,
ses décisions sont plus aisément acceptées ; on peut
laisser aux juges une plus grande liberté d'action.
Il est notable que la Constitution ne se préoccupe pas
de régler la procédure à suivre. Ce sera l'œuvre de
la Cour de déterminer elle-même cette procédure.
Dans un tribunal médiocrement composé, la procédure est indispensable, c'est une sauvegarde pour les
plaideurs. Il en est autrement quand le recrutement
est excellent. En fait, pour l'essentiel, la procédure
suivie est celle des cours anglaises. La Cour Suprême,
a en général fait assez bon marché des considérations
d'ordre purement technique ; elle s'est efforcée de
ménager la dignité et la sensibilité des États (2) sauf

(1) Actuellement, la cour est composée de William H. Taft, ex-
Président des Etats-Unis, Oliver Wendell Holmes, Willis Vande-
venter, John Clark Mc Reynolds, Louis D. Brandeis, George Su_
therland, Pierce Butler et Edward Terry Sanford. Voir le Congres-
sionnal Directory.

(2) Voir Alpheus Snow dans Proceedings of the American Society
for the Judicial-Settlement of International Disputer,1916, p. 25).

peut-être dans l'affaire Dred Scott, où la Cour Suprême sortit un peu de ses fonctions en se prononçant sur la question théorique de la licéité de l'esclavage, et qui fut une des causes de la Guerre de Sécession, comme nous allons le voir en passant brièvement en revue les principales affaires qui ont été évoquées devant elle dans l'ordre de choses qui nous intéresse ici.

En 1792, Chisholm, citoyen de l'État de la Caroline du Sud, intenta un procès contre la Georgie pour réclamer une somme d'argent due à un patrimoine dont il était « trustee ». La Georgie refusa de comparaître ; mais la Cour rendit un jugement de défaut contre la Georgie, se basant sur l'article 3 de la Constitution ci-dessus cité, et qui permettait à un citoyen d'assigner un État autre que le sien. L'émotion fut vive dans l'Union à cause de la conception qu'on se faisait alors de la souveraineté des États particuliers. En Georgie, l'indignation fut si vive qu'un projet de loi fut déposé, menaçant de la peine de mort quiconque essayerait de faire exécuter le jugement. Quoique le jugement fut régulier, le Congrès fut obligé de le tenir pour non-avenu et c'est dans ces circonstances que fut voté le XI<sup>e</sup> Amendement (1) à la Constitution ainsi conçu :
« Le Pouvoir judiciaire des États-Unis ne pourra pas

(1) On avait certes essayé d'éluder cet Amendement. Voir à ce propos le litige, New Hampshire v Louisiana (1883), et celui de South Dakota v North Carolina, 192 U. S., 186.

être interprété comme s'étendant à toute cause, en droit ou en équité, commencée ou poursuivie contre un État des États-Unis par les citoyens d'un autre Etat, ou par les citoyens ou sujets de n'importe quelle puissance étrangère. » Cet amendement fut présenté à la législature des divers États par le troisième congrès, le 5 septembre 1794, et fut déclaré, par un message du Président au Congrès daté du 8 janvier 1798, après avoir été ratifié par les . législatures des trois quarts des États.

Diverses hypothèses restent d'ailleurs possibles : il peut s'agir 1º d'un débat entre un État particulier et un autre État particulier ; 2º d'un débat entre un Etat particulier et un autre État particulier, mais avec intervention de l'État fédéral. (1)

L'affaire Chisholm contre la Georgie avait, comme on l'a vu, ameuté l'opinion publique contre la Cour. En 1799 un différend se produisit entre New York et le Connecticut ; mais il ne fut pas réglé par une décision de la Cour (2). Il en fut de même d'un litige survenu en 1830 (3) entre New Jersey et New York.

(1) Certes il y a d'autres catégories de litiges comprises sous la compétence de la Cour Suprême, telle, par exemple, qu'un débat entre un Etat particulier et l'Union, celle-ci pouvant d'ailleurs être, soit demanderesse, soit défenderesse. Ces catégories de différends ont été omises dans ce chapitre comme étant un peu en dehors 'd'une discussion sur la Cour Suprême vue comme Tribunal entre Etats, analogue à la Cour Mondiale.

(2) Voir 4 Dallas I.

(3) Voir 3 Peters 461.

Il faut arriver jusqu'en 1833 pour que la Cour ait à se prononcer à nouveau (1). Il s'agissait d'un conflit entre Rhode Island et Massachusetts portant sur une question de frontières. Le Massachusetts prétendait que la Cour n'était pas compétente, parce qu'il s'agissait d'un problème d'ordre exclusivement politique ; que la Cour, pour juger, ne pouvait s'abriter derrière une loi ni un précédent ; et qu'au surplus, elle ne serait pas en état de faire exécuter sa sentence. En 1838, la Cour s'affirma compétente ; mais l'affaire traîna en longueur par suite des procédés dilatoires du Massachusetts.

En 1860, la Cour fut saisie d'un litige entre le Kentucky et l'Ohio (2). Le premier de ces États demandait au second de lui livrer un nègre qui avait aidé à la fuite d'un esclave objet d'une poursuite judiciaire. La Cour se déclara compétente et ordonna la remise du nègre ; mais le Président de la Cour, M. Taney, reconnut qu'il n'y avait pas de moyen de faire exécuter cette sentence par la force.

En 1870 (3) la compétence de la Cour s'affermit encore dans les litiges d'État particulier à État particulier. Il s'agissait d'une question de délimitation de frontières entre la Virginie et la West Virginie. Cette dernière déclina la juridiction de la Cour comme

(1) Voir 7 Peters 651 ; et 4 Howards 591.
(2) Voir 24 Howard 109-110.
(3) Virginia v. West Virginia II. Voir II Wallace 39.

l'avait fait le Massachusetts dans une circonstance analogue et pour les mêmes raisons ; mais son opposition ne put se maintenir, car la jurisprudence était désormais établie. C'est ce que constata le juge Miller en prononçant la sentence : « Nous considérons comme établie la doctrine que la juridiction de cette Cour s'exerce sur les questions de limites entre deux États de cette Union, et que cette juridiction n'est pas écartée par la raison qu'en décidant la question, il devient nécessaire d'examiner et d'interpréter des pactes ou accords entre ces États ou parce que le jugement que la Cour peut rendre est susceptible d'affecter les limites territoriales de la souveraineté de ces États ».

On est donc en face d'une décision de principe : en matière de délimitation de frontières la Cour est compétente. C'est un point désormais acquis.

En 1902 se produisit un conflit entre la Louisiane et le Texas (1) portant sur une question différente. La Louisiane soutenait que le Texas avait, en matière de commerce entre États, empiété sur les attributions du Gouvernement fédéral. La Cour se déclara incompétente. On a critiqué cette décision, parce que le litige se rattachait au problème fondamental de la protection par un État de ses citoyens, et qu'il sem-

(1) Voir 176. U. S. I.

blait en conséquence mériter de retenir l'attention de la Cour et rentrer dans sa juridiction.

Cette attitude trop timorée de la Cour ne se maintint d'ailleurs pas longtemps. Deux ans plus tard, la Cour affirma sa compétence dans un litige Arkansas contre Colorado (1). Commentant le verdict, Smith (2) déclare qu'aujourd'hui l'on peut soutenir, sans crainte d'erreur, que les litiges qui peuvent naître entre États sont susceptibles d'être jugés par la Cour, si les faits lui sont présentés en dûe forme. Actuellement, donc, tous les conflits qui peuvent diviser deux États particuliers de l'Union sont assurés de pouvoir trouver un juge. Ce juge, c'est la Cour Suprême. La situation peut se compliquer du fait que l'État fédéral intervient dans le litige qui met aux prises deux États particuliers. Voici la solution qui a prévalu : l'intervention de l'Union fédérale n'est admise que si elle peut justifier d'un intérêt fondamental (3). La question tion de l'exécution des jugements de la Cour est d'une importance primordiale : c'est l'évidence même.

Elle se posa dès la création de la Cour Suprême. Voici, à peu près, d'après le *Federalisl* (4) quelle

(1) Voir 206 U. S. 105 ; et 185 U. 125.

(2) Smith, The American Supreme Court as an International Tribunal, p. 26.

(3) Voir les litiges Florida v Georgie, 17 Howard 478 et Kansas v Colorado 206.

(4) Hamilton, le Federalist, n° 81

était à cet égard la conception des membres de la Convention Fédérale. Il est de la nature de la souveraineté d'échapper à la poursuite d'un individu, à moins qu'elle n'y consente. Les contrats entre une nation et un individu ne sont obligatoires que pour la conscience du Souverain ; ils ne sont pas susceptibles d'exécution forcée. Les États ne peuvent pas être forcés de payer les dettes qu'ils ont contractées (1).

Smith observe (2) que dans le passage ci-dessus résumé du *Federalist* Hamilton ne vise que les procès intentés par des individus à des États ; mais il estime que les observations d'Hamilton ont une portée générale et que, à cette époque, l'opinion publique n'aurait pas admis le recours à la force pour l'exécution des décisions de la Cour contre un État. Donc, au moment de l'institution de la Cour Suprême, l'on ne pensait pas qu'un État condamné par la Cour pût être forcé d'obtempérer s'il ne s'exécutait pas volontairement.

En fait, quel a été, à cet égard, le sort des décisions rendues par la Cour Suprême ? Nous avons déjà vu ci-dessus que dans l'affaire Chisholm contre Georgie le jugement ne put être ramené à exécution

(1) On sait que, assez récemment, une doctrine analogue a été soutenue par Drago.

(2) Smith The American Supreme Court as an International Tribunal.

et que même la Constitution dût être modifiée de façon à ne plus permettre à un individu de poursuivre un État autre que le sien. Même impossibilité de contraindre l'Ohio à l'exécution dans l'affaire Kentucky contre Dennison (1). La Cour reconnut que le Gouverneur de l'Ohio aurait dû obtempérer à la demande du Kentucky, mais qu'il n'y avait pas moyen de l'y forcer. Ce serait mettre un État particulier sous le contrôle et la domination de l'État Fédéral même pour l'administration de ses affaires intérieures. Ce serait empiéter sur « les droits réservés ».

La question de l'exécution d'un jugement de la Cour s'est encore posée dans une affaire Virginie contre West Virginie. Voici les faits : Le 20 août 1861, un accord intervint en vertu duquel la West Virginie recevait son indépendance mais s'engageait à payer une part raisonnable de la dette de la Virginie, dont elle était un démembrement (2). Pendant plus de 40 ans, la Virginie usa de tous les moyens amiables pour amener la West Virginie à payer. Finalement, la Virginie dut demander à la Cour Suprême des États-Unis de trancher le litige (1906). La West Virginie souleva l'exception d'incompé-

(1) Voir 24 Howard 66.
(2) Voir à ce propos la neuvième ordonnance de la Wheeling Convention 1861 et aussi l'article 8 de la Constitution de West Virginia.

tence ; mais la Cour la rejeta. Des délais furent accordés à West Virginie ; mais toujours en vain.

La Cour rendit enfin un jugement de condamnation et West Virginie se soumit. Le recours à la force fut évité, grâce à la longanimité de la Virginie. Il est permis de se demander si des États moins proches parents que ne l'étaient Virginie et West Virginie feraient preuve de la même patience.

En définitive, depuis que la Cour existe, il ne s'est jamais encore présenté un cas dans lequel le recours à la force ait eu lieu pour amener un État à exécuter une décision rendue contre lui. On raisonne à peu près ainsi : La contrainte sur un État, c'est la guerre (1). Or, l'une des fonctions essentielles de la Cour, c'est de l'empêcher. Elle doit donc agir avec tact, patience, de façon à ne pas déclancher un conflit. Il s'ensuit que l'exécution forcée de ses arrêts doit être évitée avec soin. La Cour serait en effet susceptible de déchaîner la guerre qu'on désire éviter à tout prix. On ne compte en définitive pour amener un État à se soumettre que sur la pression de l'opinion publique. Il y a là une conception assez spéciale aux pays anglo-saxons qui ne jouit pas d'un bien grand crédit dans les pays latins.

Est-ce à dire que la Cour Suprême serait, en tout

_______

(1) Voir Snow, Proceedings, p. 44.

état de cause, incapable d'imposer l'exécution forcée de ses arrêts ?

La question n'est pas expressément tranchée par la Constitution ; mais ce n'est pas une raison suffisante pour se prononcer, en toute hypothèse, pour la négative. En tout cas, le recours à la force ne peut pas être envisagé comme une solution normale, mais au contraire tout à fait exceptionnelle. L'appel à l'opinion publique est la seule sanction normale. En général, elle suffit aux États-Unis.

En cas de nécessité absolue, il semble que les Pouvoirs Exécutif et Législatif fourniraient le « bras coopérant », la « manus militaris », des pays latins.

Peut-on dire que la Cour Suprême dont nous venons d'esquisser l'organisation, la compétence et l'œuvre, peut servir de prototype à une Cour de Justice Internationale ? Si l'expression paraît trop ambitieuse, peut-elle du moins être considérée avec quelque utilité par ceux qui désirent arriver à la solution pacifique des litiges internationaux ?

Aux Etats-Unis, des écrivains réputés ont essayé d'établir que les Cours de la Haye avaient des rapports de filiation avec la Cour Suprême des États-Unis (1). Il importe d'examiner ce point avec soin.

_______

(1) James Brown Scott, par exemple, a écrit un ouvrage de trois grands volumes sur ce sujet. Balch a écrit un livre intitulé : « **A World Court in the Light of the United States Supreme Court**» ; et

On peut d'abord noter que soit à la Cour suprême, soit à la Haye, le recrutement des juges est entouré des plus sérieuses garanties. Les grands juges font les grandes Cours. C'est un adage qui est vrai partout. Mais on peut dire qu'aux États-Unis il l'a été particulièrement. A l'origine, la Cour Suprême n'était pas populaire ; elle l'est devenue, grâce à l'intégrité et à la capacité de ses juges. On a des raisons de penser qu'il en sera de même pour la Cour Permanente de Justice Internationale.

Le recrutement des juges ne doit pas se faire à l'élection populaire. La Révolution française avait adopté ce mode ; mais il ne paraît pas recommandable ; la fonction judiciaire n'est pas essentielle à la fonction législative, ni à la fonction exécutive.

Aux Etats-Unis la nomination des juges se fait par le Président, mais avec le concours des deux tiers du Sénat. Les membres de la Cour Permanente de Justice Internationale sont élus par l'Assemblée et par le Conseil de la Société des Nations sur une liste de personnes présentées par les groupes nationaux de la Cour d'Arbitrage. En ce qui concerne les membres de la Société qui ne sont pas représentés à la Cour Permanente d'Arbitrage, les listes de candidats seront présentées par des groupes nationaux

Smith sur « The Supreme Court of the United States as an International Tribunal ». Voir également plusieurs articles sur le sujet dans « Proceedings », 1910-1916.

désignés à cet effet par leurs Gouvernements dans les mêmes conditions que celles stipulées pour les membres de la Cour d'Arbitrage par l'article 44 de la Convention de la Haye de 1907 sur le règlement des litiges internationaux (1).

En résumé, dans les deux cas, Cour Suprême des États-Unis et Cour Permanente de Justice Internationale, le mode de nomination des juges paraît présenter de sérieuses garanties. Mais il est juste d'ajouter que cette analogie n'a rien de bien caractéristique ; il y a dans le monde de nombreuses Cours de justice qui sont soigneusement recrutées.

Autre ressemblance, mais également assez peu significative, le nombre des juges est, dans les deux cours, assez restreint.

Il y a eu de ce chef une difficulté : comment concilier l'égalité des Etats avec le petit nombre des juges ? Aux États-Unis la difficulté se produisit surtout en 1787 et à la Haye en 1907. On a fini par comprendre que ce dont les États-Unis ont besoin dans un tribunal international, ce n'est pas d'avoir un délégué de leur pays, mais d'avoir des juges qualifiés, impartiaux et intègres.

Une cour de justice n'est pas un Sénat. Mais ici encore c'est une règle générale de bonne justice : les

(1) Voir l'article 4 du Statut de la Cour Permanente de Justice Internationale.

Tribunaux ne comportent jamais un nombre considérable de membres.

Les deux Cours sont permanentes et tiennent des sessions périodiques. C'est une des différences essentielles qui distinguent la Cour Permanente de Justice Internationale de la Cour d'Arbitrage. Aujourd'hui d'ailleurs presque toutes les cours de justice sont permanentes. Sauf exception, le système des « assises » a depuis longtemps disparu.

Au point de vue de leur organisation, les deux Cours présentent donc d'assez nombreux points de contact ; car, à cet égard, beaucoup d'autres Cours sont constituées sur des données analogues. Mais entrons plus avant dans le problème, et nous verrons que les similitudes s'accentuent, tout en étant loin d'être complètes.

Les deux Cours sont des Cours entre États. Sur ce point, l'expérience des États-Unis a été certainement utile pour les créateurs de la Cour Permanente de Justice. En 1920, la question se posa devant le Comité Consultatif des Juristes à la Haye de savoir si un particulier pourrait être admis à actionner devant la Cour un État étranger. C'est la négative qui prévalut. Seuls les États ou les membres de la Société des Nations ont qualité pour se présenter devant la Cour (1). M. Root soutint ce point de vue. Il n'est pas téméraire

(1) Article 34 du Statut.

de croire qu'il avait en mémoire le litige Chisholm contre la Georgie et le vote du XIe Amendement. Les deux Cours sont donc spécialisées dans les litiges d'États à États, et non d'individu à États étrangers. C'est un point de ressemblance qui méritait d'être souligné. Il en est de même de la question si délicate de l'exécution des jugements.

Pour ce qui est de la Cour Suprême des États-Unis comme nous l'avons vu, on n'a jamais jusqu'ici fait appel à la force pour assurer l'exécution de ses sentences. On a usé de moyens amiables et on a surtout compté sur la pression de l'opinion publique. Quant à la Cour Permanente de Justice Internationale, on remarque qu'il n'y a point de voies d'exécution. L'article 59 déclare que « la décision de la Cour n'est obligatoire que pour les parties en litige et dans le cas qui a été décidé ». L'article 60 dit que « l'arrêt est définitif et sans recours ». Mais comment sera-t-il ramené à exécution ? C'est un point qui reste dans l'ombre.

Deux tendances s'affrontent ici : les uns voudraient créer une sorte de « police armée internationale » qui ferait exécuter, si besoin était, les décisions de la Cour, d'autres mettent tout leur espoir dans la bonne volonté des États et dans l'opinion publique. Les Américains se rattachent, en général, à cette dernière conception. C'est ainsi que le Professeur Moore (1),

(1) Le passage de M. Moore est cité dans le livre de Balch, A

actuellement membre de la Cour de Justice Internationale, écrit : « Il me semble que les possibilités de l'emploi de la force pour le maintien de la paix sont souvent exagérées par l'omission d'une considération fondamentale, à savoir que la disponibilité de la force dépend en fin de compte, de l'opinion ou du sentiment. Durant le dernier siècle, il y a eu d'innombrables guerres civiles, une des plus importantes étant celle qui pendant quatre années désola les États-Unis. Et pourtant nous avions un gouvernement national et une administration bien plus centralisée qu'aucune de celles que l'on propose maintenant d'établir entre les nations.... »

On peut encore ajouter que les deux Cours, chacune dans leur sphère d'action, tendent d'une part à renforcer l'idée de l'égalité des États, et de l'autre à limiter dans une mesure raisonnable le concept de la souveraineté. A la Haye comme à Washington, il n'y a pas de grands et de petits Etats ; il n'y a que des États égaux.

A la Haye, comme à Washington, on s'efforce de développer ce que Nicholas Murray Butler appelle

World Court in the Light of the United States Supreme Court' p. 150. Pour d'autres citations à ce propos voir Hull, dans Proceedings, 1916, p. 172 ; Hamilton dans le Federalist, p. 78 ; Hull, dans Proceedings, 1911, p. 183 ; Mac. Farland, dans Proceedings, 1913 ; Judson, Proceedings, 1910, p. 269 ; Montague, *ibid.*, 210 ; Madison ; Elliot's Debates, 140 ; Hull, Proceedings, 1916, p. 183,192, 199 ; Snow *ibid.*, 1910, p. 103 et Stockton, *ibid.*, 1910, p. 296.

« La pensée internationale », c'est-à-dire, au fond, le respect des droits des autres États. Le concept de souveraineté est digne de considération ; mais il doit être contenu dans certaines limites ; sinon, il peut mener facilement à la guerre.

Mais il ne faut pas se dissimuler que l'œuvre qui s'ouvre devant la Cour Permanente de Justice Internationale comporte des difficultés infiniment plus grandes que celle de la Cour Suprême des États-Unis

Tout d'abord, et c'est l'observation la plus fondamentale, les treize colonies devenues Etats par leur révolte contre l'Angleterre, étaient de même race, de même langue, de même religion, de même droit. Sans doute, au xvii^e siècle, ces colonies étaient assez séparées, par suite du manque de moyens de communications, de l'étendue des territoires, des forêts qui couvraient le pays. Mais ces obstacles n'étaient que temporaires ; ils ne devaient pas durer indéfiniment. Et il restait la race, la langue, la religion, la mentalité enfin qui constituaient des facteurs essentiels et permanents d'unification.

L'on doit dire aussi que l'Union pour les treize colonies étaient une question de vie ou de mort. Sans elle, elles ne pouvaient vaincre et sans elle, elles ne pouvaient durer. Or, comment faire l'Union si chaque Etat particulier ne renonce pas en fait à une partie de sa souveraineté ? Au début, comme nous l'avons déjà dit, l'on restreignit le moins possible la souveraineté des États particuliers. Mais par la suite, on y mit moins de réserve : les divers états perdirent successivement le droit de légation, et même le droit de sécession. Aujourd'hui, l'on parle encore de la souveraineté des États particuliers ; mais ce n'est plus qu'une formule vide de toute réalité. En fait, l'on est en face, non plus d'États, mais de provinces ayant une large autonomie.

Tout autre est le tableau que présente l'Europe et à plus forte raison le monde. Alors que tout l'essentiel est commun dans les divers États américains, origines, traditions, « outlook on life », langue, droit, littérature, tout ou presque est différent en Europe et dans le monde. Il suffit pour s'en rendre compte de parcourir l'Europe ou le Monde. Dans de telles conditions, il est d'évidence que l'œuvre à accomplir par la Cour Permanente de Justice Internationale est infiniment plus difficile et délicate que celle de la Cour Suprême des États-Unis.

L'unification des États d'Amérique s'est faite, comme nous l'avons vu, sous le poids de la nécessité. Il y avait un ennemi commun, la Métropole, contre lequel il fallait se liguer si l'on voulait d'abord vaincre et ensuite durer. Le but était net, identique pour tous : d'où une unification facile. En Europe, au contraire, et *a forliori* dans le monde, chaque État a sa politique propre, ses visées spéciales, ses ennemis, soit historiques, soit économiques. C'est une sorte de chaos dont sort très aisément la guerre, alimentée qu'elle est soit par des raisons techniques, soit par des raisons commerciales.

Les « ambiances » sont donc tout à fait différentes, infiniment plus favorables à la solution pacifique des litiges internationaux en Amérique qu'en Europe et dans l'Univers.

# CHAPITRE II

LA CONTRIBUTION DES ÉTATS-UNIS A L'ÉVOLUTION DES PROCÉDURES D'ARBITRAGE VERS LES PROCÉDURES JUDICIAIRES.

Nous avons vu dans le chapitre précédent que l'un des Articles de Confédération (IX) organisait une procédure d'arbitrage pour les litiges qui pourraient se produire entre les divers États de l'Union. Nous avons vu aussi que cette procédure s'était vite révélée insuffisante et qu'en conséquence la Cour Suprême avait été créée. A l'intérieur donc de l'Union l'on est passé du réglement par arbitre au règlement par une cour de justice.

A l'extérieur, les efforts des États-Unis se sont développés dans le même sens, donnant à l'arbitrage une place considérable et essayant de l'orienter vers des formes spécifiquement judiciaires. Ce sera l'objet de ce chapitre de résumer l'œuvre des États-Unis dans cette double direction.

Quant à l'arbitrage proprement dit, l'on doit d'abord observer qu'il a joué surtout dans les relations des États-Unis et de la Grande-Bretagne, et cela s'explique tout naturellement étant donné les affinités ethniques des deux pays et l'étroitesse de leurs rapports.

Le 19 novembre 1794, l'Angleterre et les États-Unis signèrent le célébre Traité Jay dont les articles V, VI et VII nommaient trois commissions mixtes dont la mission était de résoudre trois litiges distincts non réglés par le Traité de Paris du 13 septembre 1783 (1).

La Commission prévue par l'article 7 était des trois la plus importante ; elle eut à s'occuper de graves questions : contrebande, droits des neutres, etc....

_______________

(1) Le premier litige dont la solution était remise à la Commission prévue par l'article V portait sur la question de savoir quelle était la rivière désignée dans l'article 2 du Traité de Paris sous le nom de « Rivière de Sainte-Croix » et qui formait la frontière nord-ouest des Etats-Unis. La décision fut rendue à Providence (Rhode-Island) le 25 Octobre 1798 ; il y était dit que la Rivière Sainte-Croix était la Scoodiac.

La Commission désignée dans l'article VI devait trancher une question de dettes. Elle ne réussit point à ajuster les offres américaines et les demandes britanniques et dut se dissoudre sans avoir résolu les difficultés. La question fut reprise plus tard et réglée par un traité du 8 Janvier 1802. Le Gouvernement britannique transigea pour $ 600,000.

Cette Commission termina ses travaux le 24 février 1804.

Les faits étant ainsi succinctement exposés il y a lieu d'indiquer les caractéristiques de ces Commissions et l'opinion qu'il convient de s'en faire. Elles ont leurs origines dans la diplomatie, et à ce titre, s'efforcent, avant tout, de trouver une solution au litige. Il s'agit essentiellement, non pas tant de faire triompher le droit et la justice, que d'arriver à un règlement assez satisfaisant pour toutes les parties en présence, de façon que la guerre soit évitée.

Les tiers sont évincés de ces Commissions qui comprennent exclusivement des arbitres appartenant aux deux pays en conflit.

La première Commission fut constituée de la façon que voici : un Américain et un Anglais, lesquels désignèrent un troisième membre qui fut un Américain. La deuxième Commission comptait deux Américains, deux Anglais et un cinquième commissaire, Anglais ; la troisième avait une composition analogue, sauf que le cinquième membre était Américain. Ce mode de formation des Commissions mixtes a un avantage, à savoir que les Puissances intéressées ont des représentants qualifiés au sein même de l'organisme qui décide. Mais il a aussi un grave inconvénient : à savoir que le troisième ou le cinquième membre rompt l'équilibre de la Commission et peut être porté à faire pencher la balance en faveur de son pays. En tout cas, son impartialité risque d'être suspectée, et cela suffit, semble-t-il, pour condamner ce système.

Notons cependant que MM. de Lapradelle et Politis préfèrent encore cette forme d'arbitrage à l'arbitrage par souverain. Il y a là une question délicate, mais qui n'a plus guère qu'un intérêt historique (1).

L'arbitrage subit une éclipse pendant les guerres napoléoniennes. Les États-Unis et l'Angleterre en vinrent aux armes (1812) pour des raisons qui, dans une période moins troublée, auraient pu se dénouer pacifiquement. L'éclipse d'ailleurs dura peu et dès 1814 l'arbitrage réapparaît.

Une vieille et grave difficulté subsistait depuis la Guerre de l'Indépendance entre l'Angleterre et les Etats-Unis. Elle était relative à la délimitation de la frontière nord de ceux-ci. Le traité de 1783 ne tranchait pas la question, aucune carte des lieux n'y étant jointe. Les États-Unis étaient si heureux de recevoir leur indépendance, qu'ils ne montrèrent pas d'exigences sur les problèmes techniques de délimitation de frontières. C'eût été, en un tel moment, chercher midi à quatorze heures. Mais, avec le temps, la difficulté s'aggravait car les territoires en discussion étaient parmi les plus riches du monde. Ils fournissent tous les produits de la terre et de la mer : l'or, l'argent, les grains, le bois, les fourrures, la pêche. Morris (2) écrit que « peut-être

(1) LAPRADELLE et POLITIE, *Recueil*, Introduction, p. 1.
(2) MORRIS, *International Arbitration and Procedure*, pp. 38, 39.

le monument le plus significatif à l'égard de l'arbitrage est-il actuellement la mince ligne de frontière qui sépare les États-Unis du dominion nord-américain d'Angleterre. De la baie de Passamaquoddy au détroit de Fuca à Vancouver il y a trois mille milles. Presque chaque pouce a été, à un moment ou à un autre, l'objet d'un conflit. Pendant plus de 120 années, la Grande-Bretagne et les Etats-Unis ont eu constamment des causes de querelles relativement à la frontière ; mais en fin de compte, la ligne entière a été fixée grâce à des moyens pacifiques ».

Le Traité de Gand (24 décembre 1814) s'occupa de ces questions. Comme le Traité Jay de 1794, il prévoyait la constitution de trois commissions arbitrales mais la procédure différait. Il était stipulé dans l'article IV que chacun des gouvernements nommerait son commissaire ; mais que, en cas de désaccord de ceux-ci, le litige serait tranché par un souverain étranger (1).

(1) La première Commission devait s'occuper d'une certaine île sise dans la baie de Passamaquoddy, dont le statut juridique était incertain. Elle tint une première séance le 23 septembre 1816 à Saint-Andrews (New Brunswick) et rendit une sentence définitive à New-York le 24 novembre 1817.

La deuxième Commission avait pour mission de déterminer la limite nord-est des Etats-Unis depuis la source de la rivière Sainte-Croix jusqu'au Saint-Laurent. Elle se réunit aussi pour la première fois à Saint-Andrews, le 23 septembre 1816. Mais l'accord ne put s'établir entre les commissaires, et conformément à la procédure prévue au Traité de Gand, les deux Gouvernements britanniques

Le Traité de Gand ne prévoyait pas seulement le règlement de questions de frontières ; il organisait en outre une commission qui avait pour mandat de trancher les difficultés qui pourraient naître de l'article 1 du Traité (1).

Des divergences se produisirent dans l'interprétation de ce texte. Elles furent déférées à l'arbitrage de l'Empereur de Russie. Dans sa sentence (22 avril 1822) celui-ci déclara que l'Angleterre avait manqué à ses obligations ; mais il ne fixa pas le montant de l'indemnité qu'elle devait. Ce soin fut conféré à une commission composée sur un mode nouveau. Chaque gouvernement nommait un commissaire et un arbitre. La fonction des commissaires était d'examiner les demandes et, si possible, d'arriver à s'entendre.

et américain décidèrent, par une convention du 29 septembre 1827 de remettre la solution de la difficulté au roi des Pays-Bas. Celui-ci rendit sa sentence le 30 janvier 1831 ; mais cette sentence ne tenait pas compte de la ligne plus ou moins précise fixée dans le traité de 1783 ; elle en désignait une nouvelle et purement arbitraire. L'Angleterre et les Etats-Unis refusèrent de s'incliner, estimant que l'arbitre était sorti de ses fonctions et c'est seulement par le Traité Webster-Ashburton que le conflit prit fin (9 août 1842).

Quant à la troisième commission, sa tâche était complexe. Elle avait une double délimitation de frontières à déterminer. Elle réussit sur l'une et échoua sur l'autre. L'affaire ne fut point déférée à un souverain étranger, mais réglée directement par le traité ci-dessus cité (Webster-Ashburton).

(1) Cet article stipulait que tout territoire, en droit et par session, pris pendant la guerre ou après, devrait être rendu sans retard et que les esclaves ne devraient pas être enlevés.

En cas de divergences, ils devaient tirer au sort le nom de celui des arbitres qui les départagerait. Ce procédé qui fait une si large part au hasard, ne fut pas mis à l'épreuve, car les deux commissaires se mirent d'accord sur tous les points.

Dans les divers cas que nous venons d'exposer la mission des arbitres porte sur des litiges assez circonscrits. Au contraire, le 8 Février 1853 intervient entre l'Amérique et l'Angleterre une convention tendant au règlement de tous les litiges en suspens entre les deux pays. Il ne s'agissait pas de questions bien importantes, si on les examinait une à une ; mais c'était autant de points de friction que pourraient envenimer un jour ou l'autre les relations des deux États. Il était d'une politique habile de profiter de la bonne entente qui régnait alors pour les résoudre. Selon la fine observation de MM. de Lapradelle et Politis (1) les deux nations comprirent que « c'est le temps de l'amitié qui est le moment de l'arbitrage ».

La Commission chargée de ce règlement général était composée de la façon suivante : chaque gouvernement nommait un représentant et les deux représentants désignaient un arbitre. Le choix tomba sur un ex-Président des États-Unis, Van Buren, qui se récusa. On le remplaça par John Bates, américain

_________

(1) De Lapradelle et Politis, *Recueil*, p. 662.

mais qui faisait partie de la maison Barings et qui résidait à Londres. C'était l'ancien système des Commissions mixtes ; mais le choix de l'arbitre avait été ici l'objet d'un soin particulier et l'on n'eut qu'à se louer de l'œuvre de la Commission.

La Guerre de Sécession mit, pour un temps assez long, fin aux bonnes relations des États-Unis et de l'Angleterre. La situation devint très tendue entre les deux pays, les États-Unis ayant de multiples griefs contre l'Angleterre. Tout d'abord, cette Puissance reconnut, semble-t-il, d'une façon prématurée la qualité de belligérants des susdites ; surtout, elle fournit des approvisionnements et des armes au Sud, sans se soucier du blocus des ports. Des bateaux furent même construits et équipés à destination des sudistes. Indirectement, l'Angleterre concourut ainsi à la capture de quelques 200 vaisseaux du Nord, dont la plupart furent brûlés par suite de l'impossibilité pour les corsaires de les emmener dans un port du Sud comme prise de guerre. Finalement, le Nord l'emporta comme on sait, et il produisit ses revendications contre l'Angleterre. Elles étaient si graves que, entre deux pays moins épris de solutions pacifiques, la guerre eût pu s'ensuivre. Au premier instant même la Grande Bretagne déclina en termes hautains la proposition d'arbitrage de l'Amérique : « Il semble au Gouvernement de Sa Majesté, dit Lord Russell, que ni l'une ni l'autre des questions en cause ne peut être soumise à un gouvernement étranger, sans nuire à la dignité et au caractère de la nation britannique. Le gouvernement de Sa Majesté est seul gardien de son honneur ». Le gouvernement britannique se maintint quelque temps sur ce terrain dangereux de « l'honneur national » ; puis il en vint à une appréciation plus modérée des circonstances ; et finalement les deux pays signèrent le Traité de Washington, qui fut presque aussitôt ratifié (8 mai 1871).

Le gouvernement britannique exprime d'abord des regrets de ce qui est arrivé ; puis, les deux pays décident d'en terminer par un arbitrage. Ils fixent la composition du Tribunal, le lieu et l'époque de la réunion, la procédure, et enfin les règles de droit sur lesquelles les arbitres devront avoir les yeux fixés. Pour le jugement des questions qui leur seront soumises, les arbitres seront guidés par les trois règles de Washington (1).

Il importe de noter ici que, depuis la réponse ci-dessus citée de Lord Russel, l'esprit de conciliation avait fait du chemin en Angleterre. Le gouvernement britannique admit dans le Traité de Washington, que les cas soumis aux arbitres soient appréciés d'après des règles non en vigueur au moment où ils se sont produits, mais qui paraissent désirables. En un mot, l'Angleterre admet la rétroactivité des

(1) Politis, *La Justice internationale* p. 40.

règles de Washington. M. Politis estime que l'Angleterre était mue par des sentiments intéressés : « le
souci de l'avenir paraissait imposer la nécessité de
reconnaître le bien fondé de la thèse américaine. » Sur
les devoirs des neutres il ajoute que « l'immensité
du danger donne à réfléchir ». Il existe malheureusement bien des cas où l'immensité du danger n'a pas
donné à réfléchir : e. g., 1914.

Le Traité donne d'autres détails encore : délai
dans lequel le Tribunal devra se prononcer, paiement
des frais et indemnités, etc., etc..

Le Tribunal d'arbitrage fut constitué de la façon
que voici : un représentant des États-Unis, un de la
Grande-Bretagne et trois neutres : un choisi par
l'Empereur du Brésil, un autre par le Président de la
Confédération suisse et le troisième par le Roi d'Italie.
La première audience se tint à Genève le 15 décembre
1871. Trente deux séances furent nécessaires pour
liquider l'affaire. Toute la procédure se fit par écrit,
sauf quelques explications orales des documents
écrits (1).

(1) Les réclamations des États-Unis, connues sous le nom de
« Alabama Claims » se groupaient sous les chefs suivants :

1º Pertes directes résultant de la destruction des vaisseaux et
de leurs cargaisons.

2º Dépenses nationales occasionnées par la poursuite des croi-
seurs-corsaires.

3º Manques à gagner résultant de ce fait que le commerce mari-

Cet arbitrage est fort important à divers égards :

1º Il portait sur un litige extrêmement sérieux et qui eut été facilement transformable en un « casus belli ».

2º Le Tribunal arbitral était mieux composé qu'il ne l'avait été jusque là ; sans doute, les hautes parties intéressées y avaient encore des représentants ; mais

time, au lieu de s'effectuer sous pavillon américain, s'était effectué sous pavillon britannique.

4º Surprimes d'assurance, tenant à l'augmentation des risques.

5º Prolongation de la guerre, dont le coût s'était ainsi considérablement accru.

On aperçoit de suite que les réclamations 3, 4 et 5 sont relatives à des dommages indirects, alors que les réclamations 1 et 2 sont relatives à des dommages directs. Dès le premier instant, l'Angleterre s'était opposée à ce que les dommages indirects puissent être examinées, vu leur défaut de précision et la possibilité d'arriver à des chiffres fantastiques. Aussi l'indignation fut-elle vive en Angleterre quand on vit que les dommages indirects étaient inclus dans les revendications américaines. Les deux gouvernements se mirent en rapport sur ce point, mais sans succès. Tout allait sans doute être rompu, quand, le 17 Juin 1872, le Comte Scelpis sauva la situation en déclarant que de l'avis du tribunal et d'après les principes du droit international les réclamations pour pertes indirectes ne pouvaient pas être prises en considération dans le jugement, et de là, même si les deux États eussent été d'accord pour déférer au tribunal la réclamation sus-visée. Bref, le Comte Scolpis déclarait d'avance, au nom du Tribunal, que, dans aucune hypothèse, les pertes indirectes ne figureraient dans les sommes à payer.

Les États-Unis et la Grande-Bretagne acquiescèrent à ce point de vue et le verdict fut prononcé le 14 septembre 1872. La Grande-Bretagne paya $ 15,000,000 pour dommages prévus sous les nº 1 et 2º des réclamations américaines.

du moins les commissaires étaient, en majorité, étrangers et sans parti pris.

3º La décision rendue se base sur des textes de droit ; elle ressemble à une sentence de justice, alors que jusque là les arbitres s'étaient plutôt comportés comme des diplomates qui s'efforcent moins de dire strictement le droit que d'arranger la difficulté sans trop mécontenter l'une quelconque des parties en cause.

Les règles de Washington ont paru si adéquates qu'elles se sont incorporées dans le droit international avec de simples modifications de forme.

Il est bon de noter, en passant, que toutes les difficultés entre la Grande-Bretagne et l'Amérique, nées de la Guerre de Sécession, ne furent pas résolues par la même procédure que celle des Alabama Claims. Pour certaines, on organisa des Commissions mixtes ; pour d'autres, on eut recours à l'arbitrage par souverain (Empereur d'Allemagne). On tâtonna donc encore ; mais pour le litige fondamental, on a recours à une procédure quasi-judiciaire. C'est un fait dont l'importance devait être soulignée ici.

Le dernier arbitrage important du XIXᵉ siècle entre la Grande-Bretagne et l'Amérique est relatif à l'affaire des phoques de Behring, dont l'objet du litige avait trait à l'exercice du droit de pêche dans la haute mer.

La Grande-Bretagne proposa à l'Amérique d'en terminer par un arbitrage et un compromis fut signé le 29 février 1892. Un tribunal de sept membres est constitué : 2 commissaires pour chacun des pays en conflit ; 3 neutres (France, Italie, Suède-Norvège). C'est en somme le même système que pour l'Alabama, sauf que la Cour est plus nombreuse. Les neutres y ont la majorité. La procédure est identique. D'après M. Politis, ce qui constitue la grande originalité de cet arbitrage, c'est la mission qui était attribuée au tribunal. La question à résoudre était celle du bien fondé de la prétention des États-Unis de se réserver l'usage exclusif de la chasse des phoques. Le compromis ne se contentait pas de le définir de façon générale. Il l'analysait de la manière dont elle s'était présentée dans la discussion diplomatique entre les deux gouvernements; il invitait le Tribunal à répondre à 5 questions très complexes que M. Politis résuma ainsi (1). Quels avaient été les droits exercés par la Russie avant 1867 ? Dans quelle mesure la Grande-Bretagne les avait-elle reconnus ? La Mer de Behring était-elle comprise dans les termes des traités de 1824-1825 ? Les États-Unis avaient-ils succédé à tous les droits de la Russie ? Avaient-ils un droit de propriété ou de protection sur les phoques au delà de la limite ordinaire des trois milles de leurs côtes ?

(1) Pour les remarques de M. Politis sur cette affaire voir « *La Justice Internationale* » p. 52 et suivant.

Le tribunal répondit en détail aux questions posées, mais en procédant par affirmations et sans motiver. C'est un mode d'agir qui ne saurait être approuvé. La motivation est une chose essentielle, parce qu'elle permet, d'une part de mieux faire accepter la sentence ; et de l'autre de la soumettre au contrôle des compétences et même de l'opinion.

En définitive, confier au tribunal le soin de réglementer pour l'avenir la chasse des phoques, équivalait à dire que la liberté sans restrictions n'était pas possible en haute mer, sinon ce serait le gâchis, l'anarchie. C'était affirmer dans une certaine mesure que la haute mer est une « res communis » et qu'en conséquence elle doit être soumise à une réglementation internationale. A cet égard, l'arbitrage était d'une haute importance.

Ce n'était pas tout encore. Restait la question subsidiaire de l'indemnité, qui a été réglée en 1897 par arrangement amiable.

En définitive, on voit que tous les différends qui se sont produits au XIXe siècle entre l'Amérique et l'Angleterre ont été réglés pacifiquement, par arbitrage, sauf un. C'est un résultat qui a été facilité par la communauté de race et de mentalité mais qui n'en fait pas moins grand honneur aux deux pays.

Il est bon d'ajouter que les Etats-Unis ont également pratiqué une politique d'arbitrage avec d'autres Etats : France, Espagne, Haïti, Mexique. Avec ce dernier pays, l'on pourrait notamment citer le Traité de Gudalupe Hidalgo du 2 février 1848 (article 21). Il suffira de dire ici qu'il s'agit d'une sorte de traité d'arbitrage général — mais avec les restrictions en usage alors, nature du différend, circonstances du cas qui lui enlèvent beaucoup de sa portée pratique.

Pour être complet, l'on devrait encore observer que les hauts représentants des États-Unis, Président et Ministres, ont souvent été choisis comme arbitres dans les conflits internationaux. Ils sont assez bien placés pour cela, étant puissants et souvent sans partialité.

Ce qui fait la force de la tendance à l'arbitrage et à la solution pacifique des différends internationaux, c'est que, aux Etats-Unis, elle peut s'appuyer, et sur l'opinion publique, et sur les milieux savants, et sur les milieux politiques.

On pourrait multiplier les manifestations de cet esprit ; il suffira d'en mentionner quelques-unes. En février 1832, le Sénat de Massachusetts émit un vœu en faveur de l'arrangement à l'amiable de tout conflit international. En 1837, il renouvelle ce vœu et la Chambre des Représentants approuve. En 1844 le même Etat s'efforce de provoquer un congrès des nations pour l'abolition de la guerre. En 1852, l'État de Vermont se joint au Massachusetts.

Vers la même date (février 1851) M. Foot, de la

Commission des Affaires étrangères lut au Sénat des Etats-Unis la résolution suivante :

« Attendu que l'usage de l'épée pour décider des controverses internationales est toujours productif de maux immenses ;

« Attendu que l'esprit de l'époque, mais plus particulièrement le génie de notre Gouvernement, les habitudes de notre peuple, aussi bien que les droits de l'humanité, les commandements de la raison éclairée et les préceptes de notre sainte religion, tout exige l'adoption de toute mesure compatible avec l'honneur national et la sécurité du pays pour empêcher, dans la mesure du possible, le retour du fléau de la guerre ;

« Il est résolu que, selon le jugement de la Haute Assemblée, le Gouvernement des États-Unis devrait inscrire dans ses traités avec les autres nations une clause d'arbitrage. »

Deux ans plus tard, le sénateur Underwood, de la même Commission demande l'adoption d'une motion analogue.

Le 13 juin 1882, M. Sherman, également membre de la Commission des Affaires Étrangères, reprend une résolution quasi identique.

Mais c'est en 1888 que l'action en faveur de l'arbitrage s'intensifia. Deux cent trente-trois membres du Parlement Britannique avaient voté une résolution qui fut communiquée au Président et au Congrès des Etats-Unis demandant que « tout différend ou conflit entre les deux Gouvernements, qui ne pourrait être résolu par la voie diplomatique ordinaire, soit soumis à l'arbitrage ».

En résumé, dans sa politique de l'arbitrage, le Gouvernement des États-Unis a été non seulement soutenu, mais souvent poussé par l'opinion publique. Ce n'est pas seulement dans des cas déterminés, dont on pouvait mesurer l'importance et les répercussions que l'arbitrage a paru bon. On a voulu aller plus loin, et comme l'on a déjà commencé à le voir, l'évolution s'est faite d'une part pour l'extension de l'arbitrage à tous les litiges qui viendraient à naître, et non pas seulement déjà nés, et de l'autre pour la substitution à l'arbitrage d'une Cour de justice internationale. Dans la section suivante nous parlerons sommairement des traités généraux d'arbitrage.

Sous la pression de l'opinion publique, encore stimulée par la démarche anglaise, le Sénat et la Chambre des Représentants des États-Unis votèrent (14 février 1890 et 3 avril 1890) la motion dont il a déjà été parlé ci-dessus, mais dont le texte mérite d'être cité ». Le Sénat, d'accord avec la Chambre, invite le Président à engager de temps à autre des négociations avec les divers Gouvernements représentés à Washington ou qui le seraient dans la suite tendant à décider que tout conflit, qui ne pourrait être réglé par la voie diplomatique, soit soumis à l'arbitrage et réglé pacifiquement ».

Faisant écho, la Chambre des Communes émettait le vœu (16 juillet 1893) « que le Gouvernement de sa Majesté Britannique prête sa coopération au Gouvernement américain pour la réalisation de la susdite résolution ».

Comme suite un traité permanent d'arbitrage entre ces deux nations fut élaboré. Le Président Cleveland le présenta au Sénat dans les termes suivants :« Les dispositions du Traité sont le résultat de longues et patientes délibérations et représentent des concessions réciproques dans un but d'accord général. » Il en fit valoir les avantages et termina ainsi : « Profondément impressionné, comme je le suis, par les avantages transcendants de ce Traité, je n'hésite pas à le faire accompagner par l'expression de l'ardente espérance avec laquelle je le confie à l'approbation du Sénat. »

Le successeur du Président Cleveland, Mr. Mc Kinley n'appréciait pas moins la haute importance du Traité. « Puisque ce Traité est sans conteste le résultat de notre propre initiative, puisque le trait dominant de notre politique étrangère durant toute notre histoire a été de régler les conflits par des méthodes judiciaires plutôt que par la force des armes ; puisqu'il présente au monde entier l'exemple digne de respect de la raison et de la paix, non de la passion et de la guerre, contrôlant les relations des deux plus grandes nations du monde — exemple qui ne manquera pas d'être suivi : — je sollicite respectueusement l'approbation du Sénat, non seulement comme une affaire politique mais comme un devoir envers l'humanité. L'importance et l'influence morale de la ratification d'un tel traité ne peuvent guère être estimées trop haut pour l'avenir de l'humanité. Peuples et hommes d'États de tous pays peuvent bien lui consacrer leurs meilleures pensées et je ne puis estimer à trop haut prix la bonne fortune qui a fait échoir aux États-Unis l'initiative d'une telle œuvre (1) ». Etant donné que l'arbitrage avait fait ses preuves pendant un siècle, que l'Exécutif soutenait le traité, que le Sénat et la Chambre avaient récemment voté des résolutions favorables à l'arbitrage général, l'on pouvait espérer que le Sénat ratifierait un traité dont la caractéristique était qu'il n'exceptait de l'arbitrage ni les questions « d'intérêt vital » ni les questions « d'honneur national ».

Aussi la déception fut-elle vive quand le Sénat refusa de ratifier. Morris (2) s'exprima ainsi sur ce rejet : « Ce sera toujours une cause de regret et d'humiliation que le traité n'ait point été ratifié. Le Sénat de 1897 priva les États-Unis d'un titre historique qui eût été une source légitime de fierté nationale ».

Il était réservé à la France et à l'Angleterre de passer le premier traité d'arbitrage général entre deux grandes Puissances (1903). Cependant le Gou-

_________

(1) Moore, *International Arbitration*, tome I<sup>er</sup>, p. 1882.
(2) Moonis, *International Arbitration and Procédure*, p. 173.

vernement des États-Unis ne se découragea pas. En 1904, le Président Roosevelt et le Secrétaire d'État Hay firent des tentatives diverses mais infructueuses. Ce fut un autre Secrétaire d'État éminent, M. Elihu Root, qui aboutit enfin, mais dans une certaine mesure seulement. Des traités d'arbitrage furent conclus entre les États-Unis, l'Autriche, la France, l'Angleterre, l'Italie et le Japon ; mais ils portaient la clause suivante, ce qui explique l'adhésion du Sénat. Dans chaque cas, il devait en être référé au Sénat pour « conseil et consentement » en ce qui touche le compromis, c'est-à-dire l'acte définissant le litige, fixant la compétence des arbitres et permettant ensuite de porter l'affaire devant la Cour de la Haye. En définitive, le Sénat maintenait ainsi son contrôle sur chaque cas d'espèce. Il savait où il allait. Ce point de vue n'est pas sans valeur tant que l'arbitrage n'est pas parfaitement organisé.

Une lacune capitale existait, en général, dans les traités d'arbitrage ; les questions touchant aux intérêts vitaux et à l'honneur national étaient réservées. Et cela permettait tous les échappatoires, toutes les fuites, toutes les dérobades. Le Président William Howard Taft s'en prit à cette « réserve » notamment dans un discours du 21 mars 1910 (1) : « J'ai remarqué des exceptions dans nos traités d'arbitrage : n'y

(1) Morris, *International Arbitration and Procedure*, pp. 175-175.

figurent pas les questions d'honneur national. Personnellement, je ne vois guère plus de raisons de ne pas soumettre les questions d'honneur national aux cours d'arbitrage que les questions de propriété, soit individuelle soit même nationale. J'avoue que mon opinion n'est pas partagée par tous. Mais je ne vois pas pourquoi des questions d'honneur ne pourraient pas être soumises à un Tribunal composé, il est à supposer, d'hommes d'honneur comprenant les questions d'honneur national ».

En conséquence, le Gouvernement prépare des traités d'arbitrage général entre les États-Unis, la France et l'Angleterre. Ces traités furent immédiate-adressés au Sénat pour ratification ; mais ils se heurtèrent à une opposition à cause de la section 3, article 3 : « Il est en plus consenti que, au cas où les parties ne sont pas d'accord pour savoir si le litige rentre dans ceux qui sont prévus à l'article 1, la question sera soumise à la haute Commission d'enquête, composée de six membres, trois nationaux de chaque pays, exceptionnellement — la Commission peut être composée autrement à la suite d'un échange de notes et selon les membres ou tous sauf un s'accordent à dire que le différend figure à l'article I il sera soumis à l'arbitrage, conformément au Traité. Deux rapports furent rédigés par le Comité des Affaires Étrangères du Sénat : l'un pour la majorité par le sénateur Lodge, (1)

(1) Le Président Roosevelt figurait parmi les adversaires les.

l'autre pour la minorité par le sénateur Root. Le premier soutenait que le Sénat ne pouvait pas déléguer ses pouvoirs constitutionnels à une Commission mixte, c'est-à-dire en partie d'étrangers. Le second essaie, mais en vain, d'amener le Sénat à ne pas tenir compte de cet argument. Les traités ne furent pas ratifiés. Le Président fit une tournée oratoire à travers l'Amérique ; il fut vivement soutenu par beaucoup d'associations. Finalement le Sénat ratifia les traités par 76 voix contre 3, mais après y avoir introduit un amendement essentiel tendant à la sauvegarde de la souveraineté, par 42 voix contre 10.

Pendant que le Sénat américain s'opposait ainsi à l'extension des procédures arbitrales à toute espèce de litiges, le monde marchait et la Cour Permanente d'Arbitrage se constituait à la Haye à la Conférence de 1889. Les États-Unis ne restaient pas d'ailleurs à l'écart. C'était la première fois qu'ils figuraient dans une grande conférence internationale. Ils jouèrent un rôle important et qui peut être caractérisé par les paroles suivantes de l'un des délégués, M. Holls, « d'un point de vue pratique qui est le seul auquel l'opinion publique s'intéresse, je dis que nous n'aurons

plus en vue des traités ; il y voyait une menace pour la souveraineté américaine.

rien fait du tout si nous nous séparons sans avoir établi un tribunal permanent d'arbitrage ».

En apparence, cette adjuration fut entendue : et voici ce qui fut décidé : « dans le but de faciliter le recours immédiat à l'arbitrage pour les différends internationaux qui n'ont pu être réglées par la voie diplomatique, les puissances signataires s'engagent à organiser une Cour Permanente d'Arbitrage accessible en tout temps et fonctionnant, sauf stipulation contraire des parties, conformément aux règles de procédure insérées dans la présente convention » (article 20).

Mais au fond, l'article 20 ci-dessus reproduit, n'est guère qu'un trompe-l'œil, comme on peut s'en rendre compte en lisant l'article 23 : « Chaque puissance signataire désignera, dans les trois mois qui suivront la ratification par elle du présent acte, quatre personnes au plus, d'une compétence reconnue dans les questions de droit international, jouissant de la plus haute considération morale et disposées à accepter les fonctions d'arbitre. Les personnes ainsi désignées seront inscrites, au titre de membres de la Cour, sur une liste qui sera notifiée à toutes les puissances signataires par les soins du Bureau.... »

L'article 24 est suggestif aussi : « lorsque les puissances signataires veulent s'adresser à la Cour permanente pour le règlement d'un différend survenu entre elles, le choix des arbitres appelés à former le tribunal compétent pour statuer sur ce différend, doit être fait dans la liste générale des membres de la Cour. A défaut de constitution du tribunal arbitral par l'accord immédiat des parties, il est procédé de la manière suivante : chaque partie nomme deux arbitres et ceux-ci choisissent ensemble un surarbitre.» En cas de partage des voix, le choix de surarbitre est confié à une puissance tierce, désignée d'un commun accord par les parties ».

La lecture de ces articles suffit à démontrer que l'expression de Cour Permanente d'Arbitrage ne répond point à la réalité, comme il sera d'ailleurs exposé ci-dessous. Quoi qu'il en soit, l'œuvre de la Cour a été féconde, notamment en ce qui touche les différends où les États-Unis se trouvaient impliqués.

C'est ainsi que l'Amérique a soulevé devant la Cour le premier litige, dit des « Fonds pieux ». Le fonds pieux avait été constitué au xviie siècle, dans le but d'entretenir les Missions des Jésuites dans la Californie du Nord et du Sud.

A la fin du xviiie siècle, au moment où le Pape s'efforça de supprimer l'ordre des Jésuites, le Gouvernement mexicain s'empara de l'administration de ces biens. Plus tard, vers 1848, il s'engagea à payer un intérêt annuel de 6 °/o aux autorités ecclésiastiques de la partie de la Californie qu'il avait conservée. En 1868, la thèse du Mexique fut rejetée par une Commission mixte et par Sir Edward Thornton, ambassadeur d'Angleterre à Washington, chargé de l'arbitrage. Le Mexique dût verser $ 904,700. (Mexicains), chiffre représentant 21 ans d'arrérages. Il soutint alors que le paiement de cette somme le libérait définitivement pour l'avenir.

Les États-Unis rejetèrent ce point de vue et, après bien des vicissitudes, l'affaire fut portée en 1902 devant la Cour Permanente d'Arbitrage qui venait d'être constituée. Les États-Unis choisirent comme commissaires MM. de Martens et Edward Fry ; le Mexique le D$^r$ Asser et le D$^r$ Lohman. Le surarbitre fût le D$^r$ Matsen, Président du Landsthing danois. La sentence donna raison aux États-Unis (14 octobre 1902).

En 1910, la Cour Permanente fût saisie d'un nouveau litige : l'affaire des Pêcheries de l'Atlantique qui mérite de retenir l'attention. « L'importance des points du litige, écrit M. Politis (1), l'ampleur et la forme des débats, la science et l'impartialité des arbitres, la valeur doctrinale et la portée politique de la sentence assignent à cet arbitrage le premier rang parmi les affaires juridiques dont la Cour de la Haye a eu à s'occuper ».

Le Président Taft ne se trompait pas lorsque, quelque temps après, il le signalait à côté des affaires de l'Alabama et des Pêcheries de Behring comme « une des meilleures œuvres de justice internationale ».

(1) POLITIS, *La Justice Internationale*, p. 116.

M. Politis note encore que cette affaire était de type judiciaire, c'est-à-dire qu'il s'agissait au fond d'un véritable procès plutôt que d'un arbitrage proprement dit. Voici les faits très sommairement : le conflit se rattachait au droit que le Traité de Paris de 1783 avait accordé aux Etats-Unis de continuer à pêcher dans les eaux territoriales autour de Terre-Neuve et du Golfe de Saint-Laurent. Par suite de la Guerre de 1812, ce droit, d'après l'Angleterre, avait été supprimé. Un accord partiel intervint en 1818, mais les difficultés pratiques ne disparurent pas. En 1855, nouvel arrangement, qui assura une période de calme de onze ans. Puis les difficultés recommencèrent et, à partir de 1885, prirent un caractère aigu. Finale-lement, en janvier 1909, le Secrétaire d'État des États-Unis, M. Root, et l'Ambassadeur britannique, Lord Bryce, assisté des représentants du Canada et de Terre-Neuve décidèrent de soumettre le différend à la Haye.

Le tribunal fut constitué de la manière suivante et d'un commun accord, ce qui vaut d'être noté, car les décisions sont alors mieux accueillies : D$^r$ Heinrich Lammasch ; A. P. de Saverrin Lohman, M. George Grey, Sir Charles Fitzpatrik, et M. Louis Maria Drago. Comme conseil, la Grande-Bretagne avait son Procureur général, Sir William Robson ; les États-Unis, Elihu Root.

Sept questions étaient soumises au tribunal par

le compromis. Mais, d'après M. Politis (1) celle qui dominait tout le débat avait trait à l'étendue du droit concédé aux Américains par le Traité de 1818. La Grande-Bretagne prétendait qu'il restait soumis à tous les règlements raisonnables qu'elle et ses colonies pouvaient librement édicter, sans l'immixion des États-Unis, en vertu de la souveraineté territoriale, notamment quant aux saisons, aux engins et à la police de la Pêche. Les États-Unis soutenaient que le Traité de 1818 leur donnait un droit que la Grande-Bretagne ou ses colonies ne pouvaient arbitrairement limiter ; sans doute, on concevait une réglementation de la pêche ; mais elle devait être en soi raisonnable, obliger de même manière tous les pêcheurs indigènes et étrangers, résultés du commun accord des États-Unis et de la Grande Bretagne, et enfin s'appliquer grâce au concours des autorités des deux pays.

En définitive, les Etats-Unis prétendaient que le Traité de 1818 avait créé une sorte de servitude à leur profit. Cette prétention fût rejetée par le Tribunal dans une sentence fortement motivée. Mais le Tribunal admit que les Américains avaient cependant des droits qui ne pouvaient être à la merci de l'Angleterre, et il recommanda toute une série de solutions amicales. Il donna accessoirement une définition des « eaux territoriales » ; mais sur ce point, M. Politis

_______

(1) Politis, *La Justice Internationale*, p. 112.

estime qu'il fît fausse route. Quoiqu'il en soit, dans l'ensemble, la sentence était remarquable et fut appréciée par les deux pays en conflit.

A la même date, (13 février 1909) les Etats-Unis et le Mexique deférérent à la Cour de la Haye l'affaire dite des « Orinaco Claims ». Ce qui est notable ici, ce n'est pas l'importance de la question, c'est que la Cour de la Haye fut saisie à titre de Cour d'Appel. En effet, l'affaire avait été déjà tranchée par un arbitre, le D$^r$ Barje ; cependant la Cour de la Haye annula la sentence et jugea l'affaire.

Le dernier litige dans lequel les Etats-Unis se sont présentés devant la Cour de la Haye est relatif à une réclamation de la Norvège tranchant la saisie de bateaux dans les ports américains pendant la guerre de 1914-1918. La Norvège demandait $ 17,000,000.

Les Etats-Unis offraient $ 3,000,000. Le Tribunal alloua $ 12,000,000 environ. Les Etats-Unis furent très mécontents de la décision, car ils estimaient que le Tribunal était sorti de son rôle, et que sa décision était nulle et sans base. Cependant ils s'exécutèrent ponctuellement ; mais le Secrétaire d'Etat des Etats-Unis, en envoyant le chèque au Ministre de Norvège à Washington, éleva une protestation solennelle. Voici les critiques principales qu'il fait valoir. (Lettre du 26 février 1923) : Les principes sur lesquels repose le jugement lui paraissent indéfendables et il n'admet pas qu'à l'avenir l'on puisse les invoquer comme *précédent* ; la manière dont la somme à verser a été fixée ne lui parait pas non plus suffisamment justifiée ; il n'y a ni explications ni statistiques à l'appui. Le Secrétaire d'Etat soutient que l'article 99 de la Convention de la Haye, en vertu duquel il a été procédé à l'arbitrage, a été violé. Le Gouvernement américain ne paye que parce qu'il ne veut pas nuire à l'avenir de l'arbitrage et des procédés pacifiques de réglement des conflits internationaux.

L'incident a été commenté par James Brown Scott, alors rédacteur de « l'Américan Journal of International Law » (1) : « Ce doit être un sujet de regret profond pour les partisans de l'arbitrage international qu'une controverse entre deux nations telles que la Norvège et les Etats-Unis soit décidés de telle façon que le Secrétaire d'Etat des Etats-Unis, conscient de sa responsabilité officielle et des traditions des Etats-Unis en faveur de l'arbitrage, se soit senti obligé, en payant l'indemnité fixée, d'indiquer les raisons pour lesquelles le jugement du Tribunal lui paraissait mal fondé. Il y en a deux en somme :

1° Le Tribunal n'a pas observé la Convention de 1907 en vertu de laquelle il était saisi ; il devait motiver sa décision ;

(1) Pour la citation de la lettre du Secrétaire d'État et pour le commentaire de M. Scott, voir l'*American Journal of International Law*, année 1923, pp. 287-289.

2º Le Tribunal est sorti de ses attributions et a ainsi porté atteinte à la souveraincté des Etats-Unis ».

On a déjà laissé pressentir que l'œuvre de la Première Conférence de la Haye devait être complétée et perfectionnée. Il résulte en effet des textes ci-dessus cités que la Cour Permanente d'Arbitrage ne méritait pas un titre ; elle n'était pas une Cour, et elle n'était pas permanente. En réalité, elle n'était guère qu'une facilité pour la constitution d'un tribunal dans chaque espèce déterminée. Ces défauts avaient été vite aperçus, et même dans bien des cas, exagérés. Il s'agissait pour la Seconde Conférence de la Haye (1907) d'approcher de l'idéal depuis longtemps entrevu.

Voici d'abord les principaux reproches que l'on faisait à la procédure d'arbitrage de 1899 : frais excessifs ; longueur injustifiée des débats ; partialité possible des juges ; importance exagérée du surarbitre qui, en définitive, avait la décision finale ; impossibilité de dégager une jurisprudence par suite de la non permanence de la Cour ; parenté trop étroite avec les anciennes Commissions mixtes.

Ce n'était pas une raison suffisante pour demander la suppression de la Cour Permanente ; mais il fallait la compléter par une institution nouvelle d'ordre plus juridique qui remédierait aux inconvénients ci-dessus désignés : réduction des frais ; célérité des procédures ; impartialité indiscutée des juges. Tous ces avantages ne pouvaient être réalisés que par la création d'une Cour de justice.

Le Rapporteur du Comité Consultatif des Juristes à la Haye le reconnaissait « quels qu'aient été les services rendus à la justice et à la Paix par l'institution en 1899 à la Haye d'une Cour Permanente d'Arbitrage international, il n'est pas moins incontestable qu'en vertu même des dispositions fondamentales de sa constitution, elle n'est guère plus qu'un cadre permanent, un vaste collège d'arbitres, où passent d'une manière intermittente des tribunaux internationaux éphémères ; les arbitres parfois inclinent à se considérer en médiateurs plutôt qu'en interprètes fidèles du droit, en diplomates plutôt qu'en juges, en conciliateurs appelés à prononcer entre Etats de la manière la moins pénible pour chacun d'eux plutôt qu'en magistrats appelés à tenir rigoureusement égales les balances de la justice. Il y a là, disait M. Root, dans ses instructions aux délégués américains à la Conférence de la Haye en 1907 deux méthodes radicalement différentes, qui correspondent à des conceptions très distinctes, qui conduisent à des conséquences très différentes. Il arrive souvent qu'un Etat, qui serait disposé à soumettre son litige à une décision judiciaire impartiale ne soit pas disposé à la soumettre à cette manière de procédure diplomatique. S'il pouvait exister un Tribunal prononçant sur les litiges entre Etats avec autant d'impartialité et d'objectivité que la Cour suprême des Etats-Unis dans les procès qui se déroulent entre citoyens des divers Etats de l'Union, ou entre étrangers et citoyens américains, il n'y a pas de doute que les Etats seraient beaucoup plus prêts à soumettre leurs difficultés à la décision de ce tribunal qu'ils ne le sont maintenant à recourir aux chances d'un arbitrage (1) ».

Les délégués américains à la Seconde Conférence de la Haye étaient porteurs d'un plan de Cour permanente et juridique qui pouvait tout au moins servir de base de discussions académiques aux réalisations. Les efforts de l'Amérique furent secondés par quelques unes des Grandes Puissances : Grande-Bretagne, Allemagne et la France. C'est l'origine de la Cour de Justice Arbitrale. « Dans le but de faire progresser la cause de l'arbitrage, les Puissances contractantes conviennent d'organiser, sans porter atteinte à la Cour Permanente d'Arbitrage, une Cour de Justice Arbitrale d'un accès libre et facile, réunissant des juges représentant les divers systèmes juridiques du monde et capable d'assurer la continuité de la jurisprudence arbitrale ». (article 1er). Suit un plan complet d'organisation de la Cour, de sa compétence, de sa procédure. Mais une Cour n'existe pas sans juges, et c'est

(1) Procès-verbaux des séances du Comité consultatif, p. 694.

dans le mode de désignation de ceux-ci que résidait toute la difficulté. D'une part il fallait un nombre restreint de juges, et de l'autre beaucoup d'Etats étaient représentés à la Haye. Quels étaient ceux qui auraient des juges ?

MM. Bourgeois et Choate émirent une suggestion qui paraissait heureuse. D'après eux, il convenait d'abord de fixer le nombre des juges, 15 par exemple. Puis, chaque Etat devait désigner quinze noms et ceux qui sortiraient le plus grand nombre de fois seraient réputés élus.

Cette suggestion ne fut admise ni par les grands Etats qui désiraient une représentation permanente à la Cour, ni par les petits, qui soutenaient l'égalité de représentation.

On était dans une impasse ; pour ne pas se séparer, sans avoir l'air d'aboutir, l'on rédigea un projet de convention relative à l'établissement d'une Cour de Justice Arbitrale, mais en éliminant tout ce qui touchait au nombre des juges et à leur mode de nomination : questions qui constituaient la pierre d'achoppement. La Conférence se termina sur une recommandation aux Puissances signataires de chercher un terrain d'accord par la voie diplomatique.

Les Etats-Unis tinrent dans toute la mesure possible, compte de cette recommandation. Le 26 février 1909, le Secrétaire d'Etat américain donnait comme instructions aux délégués américains à la Conférence de Londres de faire investir la Cour Internationale des Prises du rôle de Cour de Justice Arbitrale.

La Conférence de Londres rejeta cette proposition comme ne rentrant pas dans le cadre de ses attributions. Le Gouvernement américain revint à la charge dans une note circulaire du 18 octobre 1909. Ses réponses furent, dans l'ensemble, favorables à l'institution d'une Cour de Justice Arbitrale, mais distincte de la Cour des Prises.

En mars 1910 eut lieu à Paris une réunion des quatre Puissances des plus favorables à l'établissement de la nouvelle Cour.

On proposait de la modeler, quant au nombre et au mode de nomination des juges, sur la Cour Internationale des Prises. Le projet tomba à l'eau parce qu'il était subordonné à la ratification de la Déclaration de Londres qui n'eut point lieu, par suite des résistances de la Grande-Bretagne. On était donc de plus en plus dans une impasse. Il fallait chercher une autre voie.

Le Gouvernement américain songea alors à créer, d'accord avec les Puissances qui y consentiraient, une Cour de justice arbitrale, qui servirait d'expérience et qui, on l'espérait, s'élargirait un jour jusqu'à devenir mondiale (1).

_______

(1) Memorandum de James Brown Scott, p. 25.

Il commença ses efforts en 1914 afin d'être prêt pour la Conférence qui devait se tenir à la Haye en 1915. La guerre vint et naturellement il fallut attendre la paix pour reprendre l'œuvre si tragiquement interrompue. Ce ne fut pas possible qu'en 1919.

# DEUXIÈME PARTIE

## CHAPITRE I

### LA CRÉATION, L'ORGANISATION, LA COMPÉTENCE ET LA PROCÉDURE DE LA COUR PERMANENTE DE JUSTICE INTERNATIONALE.

Au cours des pages qui précèdent, on a vu que toutes les tentatives d'avant-guerre en vue de créer une Cour Permanente de Justice Internationale avaient échoué. Mais l'expérience de la guerre de 1914-1918 avait été si douloureuse pour les peuples si nombreux engagés dans le conflit qu'un esprit nouveau soufflait et allait enfin permettre d'aboutir. Il fallait, sous peine de voir l'humanité sombrer, appliquer aux conflits internationaux des solutions analogues, « mutatis mutandis », à celles qu'on applique entre particuliers.

Le Traité de Versailles, (28 juin 1919) débute, comme on sait, par le Pacte de la Société des Nations, et c'est dans ce Pacte que la Cour Permanente de Justice Internationale est en germe, tout d'abord, dans le Préambule et ensuite et surtout dans l'art. 14. Le Préambule est ainsi conçu :

« Les Hautes Parties Contractantes ;

« Considérant que pour développer la Coopération entre les nations et pour leur garantir la Paix et la sûreté, il importe d'observer rigoureusement les prescriptions du droit international, reconnues désormais comme règle de conduite effective des gouvernements ; de faire régner la justice et de respecter scrupuleusement toutes les obligations des traités dans les rapports mutuels des peuples organisés.... » C'est une déclaration de principes qui va se préciser dans l'article 14, ainsi libellé :

« Le Conseil est chargé de préparer un projet de cour permanente de justice internationale et de le soumettre aux membres de la Société ».

L'histoire de l'article 14 est assez intéressante : il ne figurait pas dans le projet primitif du Pacte. Et c'est chose assez curieuse quand on se souvient de tous les efforts des Etats-Unis en faveur de l'établissement d'une Cour Permanente.

Cependant, c'est, semble-t-il, à un américain, M. Elihu Root, qu'est dûe l'insertion dans le Pacte définitif de l'article 14.

Il le fît admettre d'abord par le Colonel House et celui-ci le fît agréer par le Président Wilson, dont il était l'ami et le conseiller.

Le Conseil de la Société des Nations s'acquitta presque immédiatement de la mission qui lui était ainsi confiée et dès le 13 février 1920 il nomma un certain nombre de juristes qui, réunis en Comité, devaient élaborer un projet de statut pour la future Cour. Beaucoup se récusèrent pour diverses raisons : santé, fonctions publiques, etc., notamment, MM. Bevilagua du Brésil, Drago d'Argentine, Fromageot et Weiss de France, Vesnitch de Serbie. Finalement le Comité comprit les noms suivants : Adatci (Japon), Altamira (Espagne), Fernandez (Brésil), Descamps (Belgique), Hagerup (Norvège), de Lapradelle (France), Loder (Pays-Bas), Phillimore (Angleterre), Ricci-Busnatti (Italie), Root (Etats-Unis).

Le Comité de 10 juristes devait d'abord siéger à Londres ; mais le Gouvernement des Pays-Bas offrit, comme siège des séances, le Palais de la Paix, don du philantrope américain, M. Carnegie, et le Comité se rendit à l'invitation. Il tint des séances du 16 juin 1920 au 24 juillet de la même année. La séance d'ouverture fut présidée par le Ministre des Affaires Etrangères des Pays-Bas, M. Van Karnebeck. M. Léon Bourgeois y prit la parole au nom du Conseil de la Société des Nations. Il loua d'abord l'œuvre des Conférences de la Haye, tout en signalant des lacunes ; il indique que la guerre avec ses ruines avait ouvert bien des yeux. Enfin et surtout il traça le programme et les directives des travaux du Comité des Juristes. Il entra même dans les détails, à tel point qu'en terminant il s'excusa d'avoir semblé devancer les avisdes jurisconsultes (1).

Le Comité s'organisa immédiatement. M. Descamps fut nommé Président ; M. Loder, Vice-Président M. de Lapradelle, Rapporteur. C'est un poste toujours délicat, puisqu'il consiste, comme le dit M. Scott, à présenter d'une manière exacte et condensée, toute l'œuvre du Comité.

La rédaction était confiée à ces personnalités, et à M. Scott qui représentait les Anglo-Saxons. Comme secrétaire il y avait M. Anzillotti, délégué par la Société des Nations, et comme secrétaire-adjoint : M. Hammarsjkôld.

Le Comité commença par déterminer la façon dont il procéderait. Le 17 juin un règlement fut adopté dont les lignes principales étaient les suivantes : en principe, les séances seraient secrètes, sauf décision spéciale du Comité ; mais des résumés des travaux du Comité seraient donnés de temps en temps à la presse, après avoir été signés par le Président et le Secrétaire.

En règle générale, seuls les membres du Comité ont le droit de prendre la parole aux séances. Le Secrétaire peut demander des explications sur les points

(1) Procès-verbaux des Séances du Comité consultatif, p. 5 et, suiv.

qui ne lui paraissent pas clairs et le Comité peut inviter d'autres personnalités compétentes à parler. Après chaque séance, un résumé devait être dressé de ce qui s'y était passé, et des copies données à chacun des membres du Comité au début de la séance suivante.

La question de la langue qui serait employée fut laissée en suspens jusqu'au 19 juillet, date à laquelle le Comité fut en mesure de rédiger ce qui avait été résolu.Le français fut adopté comme langue officielle, soit pour le Rapport, soit pour l'Avant-Projet.

Tout le Statut de la future Cour Permanente fut soumis au Comité : organisation, compétence, procédure. Mais le problème fondamental, c'était toujours celui du mode de nomination des juges. On se rappelle que c'était l'obstacle qui, en 1907, n'avait pas permis aux Etats de s'entendre et avait fait tomber la Cour de Justice Arbitrale. M. Elihu Root eut l'honneur d'émettre une suggestion qui fut accueillie par Lord Phillimore, servit de base aux discussions du Comité et finalement arriva à s'imposer, comme il sera indiqué ci-dessus.

Pour mesurer l'œuvre du Comité des 10 Juristes, il suffit de comparer l'Avant-Projet (1) avec le Statut de la Cour Permanente de Justice Internationale. On peut dire que, dans les lignes fondamentales les deux

(1) Procès-verbaux des Séances du Comité consultatif, anne x n° 1, p. 673.

textes sont identiques ; le second est calqué sur le premier sauf cependant sur un point relatif à la compétence de la future Cour.

L'Avant-Projet établi par le Comité des Juristes fut immédiatement adressé au Conseil de la Société des Nations. Celui-ci accepta dans l'ensemble le texte proposé, exception faite cependant de ce point. Le Comité avait suggéré que la compétence de la Cour devait être obligatoire dans son rayon d'action ; le Conseil de la Société des Nations estimait qu'une telle disposition serait contraire à l'article 14 du Pacte et se prononçait pour la compétence facultative. C'est ce dernier point de vue qui a prévalu définitivement (1).

Quelques autres modifications de détail peuvent encore être relevées : le traitement des Juges de la Cour devait être divisé en deux parties : une rémunération fixe annuelle et une rémunération spéciale pour chaque jour de travail ; les opinions de la minorité doivent être publiées en même temps que le jugement de majorité. Ce jugement n'a d'autorité que pour les parties en cause et pour le cas d'espèce : c'est-à-dire que son autorité n'est que relative et non point absolue.

Le Rapport sur l'Avant-Projet fut rédigé par M. Léon Bourgeois : il dût tenir compte de certaines

(1) Voir article 36.

observations présentées par le délégué grec au Conseil, M. Caclamos.

On a vu que le Comité des Juristes s'était prononcé pour une seule langue officielle : le français ; M. Caclamos demandait que deux langues fussent admises officiellement : le français et l'anglais. Les parties peuvent choisir ; si elles ne s'entendent pas, le jugement est prononcé dans les deux langues et la Cour décide celle à laquelle il faudra se reporter en cas de difficulté. Même avec la permission de la Cour, les parties peuvent opter pour une autre langue.

Quant à la question de savoir si, dans son champ d'action, la compétence de la Cour doit être facultative ou obligatoire, M. Caclamos voudrait qu'il soit bien spécifié que le Conseil n'a pas d'hostilité contre l'obligation, qu'il ne la repousse que parce qu'il la croit incompatible avec l'article 12 ; et que, si une Conférence de droit international se réunit, comme on le souhaite, l'un de ses objectifs devra être l'examen de cette question.

L'Avant-Projet ayant été ainsi retouché, M. Léon Bourgeois le renvoya à l'Assemblée de la Société des Nations. Celle-ci chargea sa troisième Commission du soin de l'examiner. Cette Commission, présidée par M. Léon Bourgeois, se divisa toujours sur la question de compétence, la majorité opinant pour l'obligation. Une Sous-Commission fut alors constituée, comprise pour moitié de membres ayant figuré dans le Comité

Consultatif. Le Président, qui remplit également l'office de Rapporteur, fut M. Hagerup, de Norvège.

La Sous-Commission soumit le projet à un examen long et minutieux, mais ne le modifia que fort peu. Elle demanda, par exemple, que la Cour pût, en cas d'urgence, siéger ailleurs qu'à la Haye. En ce qui concerne la compétence de la Cour, elle émit aussi d'utiles suggestions : à savoir qu'il fallait distinguer selon que l'on était dans les cas prévus au Statut ou en dehors de ces cas, et que si les parties le demandaient la Cour pourrait juger *ex æquo et bono*, sans avoir à se soucier des textes.

La troisième Commission approuva, dans l'ensemble, l'œuvre de la Sous-Commission, mais non sans changement toutefois quant à la compétence de la Cour. Cette Compétence était susceptible d'exercer dans deux cas :

1º En vertu des Traités ;

2º En vertu d'un accord spécial des parties en conflit.

Dans la première hypothèse, la compétence de la Cour serait obligatoire, c'est-à-dire que l'une des parties pourrait citer l'autre sans que cette dernière puisse se dérober. Il était d'ailleurs désirable que les Puissances signent des accords particuliers rendant obligatoire la compétence de la Cour en ce qui les concerne.

La troisième Commission renvoya alors le Projet

ainsi amendé à l'Assemblée plénière de la Société des Nations qui l'adopta le 13 décembre 1920. Le Protocole de Signature est ainsi libellé : « Les membres de la Société des Nations, représentés par les soussignés, dûment autorisés, déclarent reconnaître le Statut ci-joint de la Cour Permanente de Justice Internationale de la Société des Nations, approuvé par le vote unanime de l'Assemblée de la Société en date, à Genève, du 13 décembre 1920. En conséquence, ils déclarent accepter la juridiction de la Cour dans les termes et conditions ci-dessus visés.... Le présent Protocole sera ratifié.... Le présent Protocole restera ouvert à la signature des Etats visés à l'Annexe du Pacte de la Société des Nations (1).

Le Statut de la Cour Permanente de Justice Internationale fut donc adopté à l'unanimité par la Société des Nations. Il importe de l'analyser brièvement. C'est d'autant plus important que les Américains ne désirent donner leur adhésion qu'à bon escient, en pleine connaissance de cause.

Tout d'abord il convient d'indiquer dans quelles relations se trouvent la nouvelle Cour Permanente de Justice Internaionale et la Cour Permanente d'Arbitrage. Dans l'article 1 du Statut, il est soigneusement noté que la Cour Permanente de Justice

______

(1) *Société des Nations. Actes de la première Assemblée. Annexe B*, page 468.

est instituée indépendamment de la Cour d'Arbitrage. C'est-à-dire qu'elle ne la remplace pas, mais qu'elle la complète.

Leur champ d'action n'est pas le même, si bien qu'elles peuvent vivre en harmonie, côte à côte.C'est un peu comme l'Etat et les Eglises : ces deux Puissances prétendent à la direction des mêmes hommes, mais à des points de vue différents. La Cour Permanente d'Arbitrage est spécialisée dans les questions d'ordre politique, qui ne sont souvent pas susceptibles de solutions rigides. La Cour Permanente de Justice s'occupe surtout de litiges d'ordre juridique ; de telle sorte que les deux Cours, loin de se nuire, se complètent heureusement.

On voit ainsi que la nouvelle Cour ne fait pas double emploi avec la Cour Permanente d'Arbitrage, qu'elle n'en est pas une doublure, que tout au contraire elle a sa raison d'être propre et son rôle spécial.

Comme nous l'avons déjà dit, le principal obstacle qui se dressait devant la création de la nouvelle Cour, c'était le mode de nomination des juges. Le problème résidait essentiellement en ceci : comment avoir une Cour de 15 juges, alors que 50 Etats environ avaient le désir et la prétention d'avoir chacun un juge, prétention fondée sur le principe à peu près unanimement admis de l'égalité des Etats ?

A la Haye, en 1907, la difficulté s'était déjà présenté, comme on le sait. Les grands Etats avaient bien admis en principe, que tous les Etats étaient égaux ; mais ils avaient fait valoir, qu'en réalité, il y a de grandes et de petites Puissances et que c'est un fait dont on ne peut pas ne pas tenir compte. Comme l'observe justement Morellet, « Si les Etats étaient égaux en fait, on n'éprouverait pas le besoin de proclamer qu'ils sont égaux en droit ». (1) Et cela, dans l'intérêt même de la Cour, dont les décisions eurent beaucoup plus de poids, si elles peuvent s'appuyer sur les grands Etats. Comme le disait Phillimore (2) : « La Cour doit avoir derrière elle le soutien d'une force matérielle pour assurer l'exécution de ses décisions. Elle n'aura cette force que si elle comprend des représentants des grandes Puissances. » On ajoutait que le seul fait de la création de la Cour était déjà un avantage pour les petits Etats, puisque par leur adhésion, les grandes Puissances limitaient elles-mêmes leur force.

Il s'agissait donc de concilier le principe théorique de l'égalité des Etats avec la réalité pratique : le Honduras n'a pas la même position mondiale que les Etats-Unis. Cette conciliation n'était d'ailleurs pas impossible ; elle avait été réalisée dans le Statut de la Cour Internationale des Prises. Les grands Etats devaient toujours y avoir un juge, tandis que les petits n'en avaient un qu'à tour de rôle. Autre exemple

(1) MORELLET, *l'Organisation de la Cour Permanente de Justice Internationale*, p. 38.

(2) Procès-verbaux des séances du Comité consultatif, p. 105.

plus récent et plus décisif : la Société des Nations elle-même. L'Assemblée est formée d'après le principe de l'égalité des Etats ; le Conseil d'après le fait de l'inégalité. Les grandes Puissances ne manquaient donc pas d'arguments en faveur de leur thèse ; mais la position des petites était peut-être encore plus forte au point de vue juridique. Elles demandaient d'abord ce que c'était au juste qu'une grande Puissance. Où était le criterium de distinction entre grandes et petites Puissances ? L'histoire ne nous fait-elle pas assister à la transformation d'une petite Puissance en grande et réciproquement ? Au xviii$^e$ siècle, les Etats-Unis ne marchaient pas de pair avec l'Angleterre et la France. Le Japon ne figure que depuis peu dans le concert des grandes Puissances. L'Espagne, le Portugal et la Hollande étaient autrefois de grandes Puissances grâce à leur commerce et à leurs colonies ; aujourd'hui elles n'ont pas de représentants au Conseil de la Société des Nations. Dans les assemblées politiques, il est tout naturel que l'influence de l'Empire britannique surpasse celle du Luxembourg et que les Etats-Unis aient plus de poids que le Honduras. Mais, en droit pur, il n'empêche que toutes ces Puissances soient égales. C'est en vain qu'on invoque l'exemple de la Cour Internationale des Prises.

Même imparfaite, cette Cour est cependant supérieure aux Cours Nationales des Prises ; elle offre plus de garanties d'impartialité. C'est également en vain qu'on invoque l'exemple de la Société des Nations. Les Etats-Unis connaissent la même conciliation entre l'égalité de droit et l'inégalité de fait des Etats dans l'organisation du législatif ; chaque Etat, quelle que soit sa population, a deux représentants au Sénat; mais à la Chambre, sa représentation est en proportion avec sa population.

Mais, pour le judiciaire, il n'y a rien de tel : le principe de l'inégalité des Etats est entièrement sauvegardé. Cette divergeance de points de vue avait fait échouer, comme on l'a vu, en 1907, le projet de la Cour de Justice Arbitrale ; et depuis on n'avait pu sortir de cette impasse malgré une grande dépense d'ingéniosité, puisqu'une douzaine de projets furent imaginés, mais sans succès. Parmi les plus intéressants on peut citer ceux de M. Descamps et de M. Ricci-Busatti.

Ce fut M. Elihu Root qui eut le mérite de trouver la combinaison qui devait permettre de sortir enfin de l'ornière où l'on était enlisé. Voici d'après les Procès-verbaux la manière dont il procède pour arriver à dénouer le nœud gordien qui arrêtait tout progrès : « M. Root a l'impression de se trouver en face de la difficulté qui a empêché la création de la Cour permanente en 1907. La difficulté réside, en

(1) Voir Procès-verbaux, pp. 108-109.

somme, dans le conflit entre le principe de l'égalité des Etats et la crainte des grandes Puissances d'avoir à se soumettre aux jugements d'une Cour dont la majorité des membres seraient toujours des ressortissants des petits Etats. Quelques-uns des membres du Comité se sont ralliés à la première manière de voir ; quelques autres à la seconde.

« La simple constatation de ces difficultés ne fournit cependant pas de solution. Les deux opinions sont, en quelque mesure, justifiées. L'égalité des Etats est le fondement du droit entre nations ; d'autre part‘ de la décision de la Cour dépendent des intérêts autrement vitaux pour les grands groupements de population que pour les petits Etats. L'égalité juridique des Etats ne coïncide pas avec l'inégalité des intérêts pratiques qui dépendent de toute leur vie nationale. »

Le problème à résoudre est maintenant, selon M. Root, de concilier entre eux les deux points de vue. M. Root fait remarquer que des situations semblables se produisent fréquemment dans la vie intérieure des Etats. Il cite, comme exemple, les Etats-Unis qui s'étaient trouvés en 1787 devant un problème semblable à celui que le Comité a maintenant à résoudre. Les Etats les plus grands et les plus populeux n'étaient guère disposés à admettre le principe de l'égalité, tandis que les petits Etats ne voulaient pas reconnaître aux autres la suprématie qui leur était dûe en

raison de leur importance et de leur richesse. On sortit
de cette impasse en créant deux Chambres. La composition de l'une était fondée sur le principe de l'égalité
des Etats et celle de l'autre sur le nombre d'habitants,
abstraction faite des Etats souverains où ils étaient
domiciliés. La méthode employée ainsi en Amérique
est la méthode de la civilisation : trouver des moyens
de concilier des théories politiques en conflit pour
assurer des fins utiles.

Ayant rendu hommage aux propositions de
MM. Descamps et Adatci, M. Root dit qu'il désire
attirer aussi l'attention de ses collègues sur la question
de savoir quelles relations il doit y avoir entre la
nouvelle Cour dont l'organisation a été confiée au
Comité de la Société des Nations et les organes politiques de la Société. Il est possible que la solution du
problème se trouve dans l'assimilation de l'organisation de la Cour avec les organes politiques de la
Société des Nations.

Les Pouvoirs d'une Cour découlent toujours du
pouvoir politique ; M. Root mentionne quelques
exemples de cette vérité. Serait-il possible de confier
l'élection des juges à l'Assemblée et en même temps
au Conseil de la Société des Nations ? M. Root désire
soumettre cette idée à la considération de ses collègues
L'effet politique de l'idée serait d'assurer aux petites
Puissances la protection de leurs intérêts par l'assemblée où elles sont en majorité et aux grandes Puis-

sances la protection des leurs par l'activité du Conseil où elles ont la prépondérance.

Un autre avantage pratique de l'idée, c'est qu'elle donnerait le moyen de choisir les meilleurs juges. En effet elle rend possible la discussion confidentielle des mérites des candidats et elle permet aussi d'apprendre d'avance si un candidat est disposé à accepter le poste qui pourrait lui être offert.

La suggestion de M. Root s'imposa et voici l'appréciation qu'en donne M. de Lapradelle : « Si, dans le Conseil, les grands Etats risquent de faire la loi aux petits, dans l'Assemblée les petits Etats risquent de faire la loi aux grands. Pour égaliser la situation entre les uns et les autres il n'y a dès lors qu'un moyen. Au lieu de préférer, comme les uns le demandaient, le Conseil à l'Assemblée, ou, comme les autres le réclamaient, l'Assemblée au Conseil, il n'y a qu'à faire sortir la Cour d'une désignation égale simultanée, du Conseil et de l'Assemblée.

« Assemblée et Conseil, placés sur le même plan, doivent élire les juges de telle manière qu'aucun ne puisse entrer à la Cour, s'il n'a la confiance de l'Assemblée, et qu'aucun ne puisse entrer à la Cour, s'il n'a la confiance du Conseil.

« Dès lors, plus de danger de coalition, ni des grands Etats contre les autres, ni des autres Etats contre les grands, nulle inquiétude, nulle surprise possible, qui infligeât à une grande Puissance l'humiliation de se trouver privée, seule ou presque seule entre les autres, du juge national sur lequel elle avait compté.

« En même temps, l'égalité des Etats selon le Pacte, se trouvait respectée ». (1)

La question capitale du mode de nomination des juges étant enfin résolue, il s'agissait de déterminer leur statut. Tout d'abord on s'attacha à avoir des juges habiles, intègres, indépendants et impartiaux. « La Cour Permanente de Justice Internationale est un corps de magistrats indépendants, élus sans égard à leur nationalité, parmi les personnes jouissant de la plus haute considération morale et qui réunissent les conditions requises pour l'exercice, dans leurs pays respectifs, des plus hautes fonctions judiciaires, ou qui sont des jurisconsultes possédant une compétence notoire en matière de droit international (2) ».

On voit donc que les juges ne représentent, à aucun degré, les Etats dont ils sont nationaux. M. John Bassett Moore, par exemple, est juge à la Cour de par ses mérites personnels ; il ne représente pas et ne saurait représenter les Etats-Unis qui n'ont pas adhéré au Protocole de la Cour et ne contribuent pas au traitement de ce haut magistrat. On essaye d'arriver à un corps de juges dégagés, autant que faire se peut, des liens nationaux.

(1) Procès-verbaux, pp. 700-701.
(2) Article 2 du Statut de la Cour.

L'article 2 est d'ordre général : il indique plutôt le but à atteindre que les moyens pour y parvenir. Les articles suivants entrent davantage dans les détails. L'article 3 fixe le nombre des juges : 11 titulaires, 4 suppléants.

L'article 4 indique que les membres de la Cour sont élus par l'Assemblée et par le Conseil sur une liste de personnes présentées par les groupes nationaux de la Cour d'Arbitrage. Qu'est-ce donc que les groupes nationaux ? Il faut se reporter à la première Conférence de la Haye pour le savoir.

Pour la Cour Permanente d'Arbitrage, chaque Etat devait désigner les juristes au maximum qui formeraient la liste sur laquelle les arbitrages des litiges futurs seraient choisis. Ce sont ces quatre juristes qui constituent les groupes nationaux et qui par conséquent présentent, en principe, les candidats pour les fonctions de juges à la Cour de Justice. La nomination se fait donc en deux phases : 1º la présentation et 2º l'élection. On proposa d'autres méthodes de présentation : par exemple, par la Cour Permanente d'Arbitrage siégeant en corps constitué ; par exemple, encore, par les divers gouvernements.

Ces deux propositions furent écartées ; la première parce qu'on craignait qu'un lien trop intime ne s'établît entre les deux Cours ; la seconde parce qu'on craignait l'ingérence de la politique.

La présentation par les groupes nationaux paraissait

réunir les avantages des deux systèmes sans en avoir les inconvénients, N'était-ce pas les Etats qui choisissaient les juristes des groupes nationaux ? Et d'ailleurs l'élection n'était-elle pas, en définitive, réservée à la Société des Nations, Conseil et Assemblée, où les Etats sont seuls représentés ?

Chaque groupe national ne pouvait pas présenter plus de 4 candidats, dont deux seulement pouvaient être de sa nationalité (1). Il lui était recommandé (2) de consulter d'abord la plus haute Cour de Justice, les Facultés et Ecoles de Droit, les Académies nationales et les sections nationales d'Académies internationales, vouées à l'étude du droit.

Le groupe national des Etats-Unis, par exemple, qui était composé de MM. Elihu Root, John Bassett Moore, George Gray et James Brown Scott, ne devait pas manquer de consulter la Cour Suprême, les principales Ecoles de droit (Harvard, Yale et Columbia) le barreau et la Société Américaine du Droit International. On a regretté que ces consultations préalables ne soient pas obligatoires ; mais en pratique, ellles se feront sûrement.

Les groupes nationaux adressent au Secrétaire-Général de la Société des Nations les noms des candidats. Celui-ci les range par lettres alphabétiques (3)

(1) Article 5.
(2) Article 6.
(3) Article 7.

et soumet la liste à l'Assemblée et au Conseil de la Société des Nations qui procèdent indépendamment, mais en même temps, à l'élection des juges titulaires, puis des juges suppléants (1).

Les électeurs doivent, au moment de voter, se rappeler deux choses :

1° Qu'ils ne doivent donner leur voix qu'à des personnalités qui en soient dignes ;

2° Qu'à la Cour, les principaux systèmes juridiques du monde soient représentées, c'est-à-dire qu'aucune des grandes civilisations ne se trouve exclue (2).

Sont élus les candidats qui ont réuni la majorité absolue des voix dans l'Assemblée et le Conseil. Au cas où le double scrutin de l'Assemblée et du conseil se porterait sur plus d'un ressortissant du même membre de la Société des Nations, le plus âgé est seul élu (3).

Les articles suivants (4) s'occupent de l'hypothèse où le premier tour de scrutin ne donnerait que des résultats incomplets et ils décident qu'on procéderait à un deuxième, puis à un troisième, et que, si alors il restait encore des sièges à pourvoir, il pourrait être à tout moment formé sur la demande, soit de l'Assemblée, soit du Conseil, une Commission médiatrice

(1) Article 8.
(2) Article 9.
(3) Article 10.
(4) Article 11 et 12.

de six membres, nommés trois par l'Assemblée, trois par le Conseil, en vue de choisir pour chaque siège non pourvu un nom à présenter à l'adoption séparée de l'Assemblée et du Conseil. Peuvent être portés sur cette liste, à l'unanimité, toutes personnes satisfaisant aux conditions requises, alors même qu'elles n'auraient pas figuré sur les listes de présentation dont il a été question ci-dessus. Enfin si ce procédé même se révèle insuffisant, la Cour choisit elle-même les membres qui doivent la compléter.

Dans tout ce mécanisme si délicat de la nomination des juges, la part des délégués américains a été considérable, c'est un fait reconnu de tous et notamment de l'un des membres les plus éminents de la Cour, Bustamante : « A deux jurisconsultes des États-Unis du Nord, Elihu Root, l'éminent avocat et homme d'état et James Brown Scott, l'internationaliste et Professeur infatigable propagandiste de la Cour permanente de Justice internationale, revient le sort et la gloire d'avoir imaginé et proposé un moyen qui a été, sans difficulté jusqu'ici, employé avec un succès incontestable. »

C'est ce que révèle l'étude des faits que nous devons maintenant passer en revue sommairement. Lorsque l'Assemblée de la Société des Nations se

(1) BUSTAMANTE, *La Cour Permanente de Justice Internationale,* p. 118.

réunit le 14 septembre 1921 pour procéder, de son côté, au scrutin d'où devaient sortir les juges de la Cour, l'intérêt suscité autour du vote fut considérable. La salle principale était remplie de délégués ; la galerie de la Presse était au complet, de même que la seconde galerie réservée au public.

Toute l'assistance était secouée par la curiosité et cette sorte d'exaltation qu'entraîne toute élection importante.

Près de l'estrade du Président, se trouvaient deux grands tableaux sur lesquels on inscrivit le nom de tous les candidats en gros caractères de façon qu'ils fussent lisibles de toute la salle. Sur les pupitres des délégués, il y avait un amoncellement de papiers : listes de candidats, règlements, cartes de scrutin, etc.

L'élection se fit promptement et avec simplicité. L'un après l'autre, dans l'ordre alphabétique de l'appel les chefs de chaque délégation montèrent à la tribune et déposèrent le vote de leur délégation dans une urne visible de tous.

Le scrutin terminé, Sir Eric Drummond, Secrétaire-Général de la Société des Nations, aidé de M. Branting et du Comte Gimono, compta les votes. Il y en avait 42 ; la majorité absolue était donc de 23. Dès le premier tour de scrutin spécial aux juges titulaires, 9 candidats étaient élus sur 11. C'était MM. Altamira, Loder, Oda et Weiss.

Une difficulté se produisit alors : il était dit (article 4) qu'en aucun cas il ne peut être présenté un nombre de candidats plus élevé que le double des places à remplir. Cette clause limitait grandement le choix de l'Assemblée et diminuait les chances de voir élire un américain. M. Fernandez, auquel se joignit M. Adatci, protesta contre ce règlement et obtint gain de cause, 29 voix contre 7.

On recommença à scrutiner. M. Moore obtint 12 voix ; on dut procéder à un second tour, et cette fois M. Moore fut élu, MM. Root et Scott s'étant désistés et M. Pound ayant perdu des voix.

Dans la liste de l'Assemblée, il ne restait donc plus qu'un poste à pourvoir. Deux tours de scrutin eurent lieu successivement, mais sans succès. On s'ajourna à l'après-midi. Et cette courte trève fut mise à profit pour pousser l'élection de M. Huber qui avait eu le matin 18 voix contre 19 à Negulesco.

Il s'agissait, en effet, de faire une part au système juridique allemand que personnifiait M. Huber. A la séance de l'après-midi, M. Huber fut élu.

En même temps que l'Assemblée, le Conseil de la Société des Nations tenait ses séances mais dans un local différent.

L'Assemblée s'était réunie à la salle de la Réformation ; le Conseil au siège actuel de la Société des Nations. D'après l'article 8 du Statut, l'Assemblée et le Conseil doivent procéder indépendamment l'un de l'autre à la désignation des juges.

Comment assurer cette indépendance ? Il fallait que les deux groupes d'électeurs fussent isolés et sans communication l'un avec l'autre ; sinon des marchandages et des échappatoires seraient possibles. D'où l'idée de faire voter dans deux locaux différents l'un d'un côté du lac, l'autre de l'autre et de séparer le Conseil du monde extérieur, comme l'est le Conclave qui élit le Pape.

Le Conseil établit sa liste plus rapidement encore que ne l'avait fait l'Assemblée et il la fit passer à celle-ci. En confrontant les deux listes, l'on eut l'agréable surprise de constater que pour 9 noms elles étaient identiques :

| ASSEMBLÉE | CONSEIL |
| --- | --- |
| Altamira | Altamira |
| Alvarez | Anzilotti |
| Anzilotti | Barbosa |
| Barbosa | De Bustamante |
| De Bustamante | Descamps |
| Finlay | Finlay |
| Huber | Loder |
| Loder | Moore |
| Moore | Nyholm |
| Oda | Oda |
| Weiss | Weiss |

Finalement on se mit d'accord sur les noms de

MM. Nyholm et Huber, de façon que les diverses conceptions juridiques mondiales aient quelque représentation.

Les juges titulaires étant nommés, l'on procéda, sans désemparer à l'élection des suppléants.

L'Assemblée, dans un premier tour de scrutin, désigna MM. Alvarez et Negulesco ; et dans un troisième MM. Yovanovitch et Wang. Le Conseil arrêta son choix sur les mêmes personnalités à l'exception de M. Alvarez à qui il préféra M. Descamps. Pour arriver à une entente l'on eut alors recours au procédé de la Commission médiatrice de six membres décrit plus haut.

Le Conseil désigna MM. Hymans, Koo et Quinones de Léon ; l'assemblée, MM. Motta, Van Swinderen et Zalle. Ces six personnalités se mirent à l'unanimité d'accord sur le nom de M. Beichmann, qui ne figurait pas sur la liste des candidats présentés par les groupes nationaux, mais qui pouvait cependant être nommé à raison de l'article 12 § 2.

Dans les procès-verbaux M. de Lapradelle a donné de toutes ces dispositions un commentaire qui mérite d'être reproduit. Il se peut que plusieurs séances électorales se succèdent sans que l'un ou l'autre organe, Assemblée et Conseil, parviennent à former chacun de son côté, une liste identique. Pour sortir du deadlock, il est donc nécessaire qu'à un moment donné ce procédé s'arrête. A quel moment ? Après deux séances électorales ? Après un plus grand nombre ? D'abord fixée à deux séances, puis étendue à trois, la limite paraissait encore trop rapprochée à un certain nombre de membres du Comité, qui eussent préféré voir le Conseil et l'Assemblée décider simultanément du moment où l'on passerait de ce procédé à un autre. Alors se fit accepter une proposition transactionnelle qui, pour empêcher le conflit de s'éterniser, ouvre à l'un des deux corps, Assemblée ou Conseil, la faculté d'arrêter les séances électorales séparées. Immédiatement s'engage la procédure d'entente ; Assemblée et Conseil désignent, chacun de son côté, parmi eux, trois membres, qui forment une Commission médiatrice.

Les six pourront d'autant plus aisément s'entendre qu'ils auront la possibilité de choisir en toute liberté leur candidat, pourvu que ce soit à l'unanimité. Règle très sage. Il se peut qu'un homme tout à fait désirable à la Cour ne soit pas en mesure, en raison d'incompatibilités sur lesquelles on reviendra plus loin, d'accepter les fonctions de juge au temps de la présentation, mais qu'au moment de l'élection, il soit libre. Il faut que le choix puisse se porter sur lui. Ou encore, s'il s'agit d'un homme qui préférerait ne pas accepter les fonctions, et, dès lors, ne se laisserait porter sur aucune liste de présentation, mais qui, cependant, apparaîtrait, au moment de procéder à la constitution de la Cour, comme l'homme nécessaire ;

il faut qu'on puisse tenter de le faire revenir sur un
refus qu'en présence de cette nécessité, il hésitera
peut-être à maintenir. Enfin, il faut qu'un homme qui
n'a pas voulu livrer son nom au hasard d'une élection
puisse être sollicité d'entrer à la Cour, en toute certitude à l'unanimité.

S'il convenait d'élargir le cercle des éligibles en
cessant d'exiger la condition d'une présentation di-
recte par les différentes sections de la Cour d'Arbitrage
il fallait prendre une garantie contre le choix arbitraire, à ce moment, sous des influences politiques,
de deux corps d'un caractère éminemment politique,
Assemblée et Conseil. Aussi, pour avoir la possibilité
d'élire, dans ces conditions, sans présentation par un
groupe national de la Cour d'Arbitrage, il est nécessaire que les six membres de la Commission médiatrice s'accordent sur le même nom. Y a-t-il lieu de
prévoir que, dans la Commission médiatrice, aucune
entente ne se forme ? Hypothèse sans doute bien
problématique, mais un système électoral doit être
conçu de manière à ce qu'aucune éventualité ne soit
omise.

Dans le cas où la Commission médiatrice ne pourrait
aboutir, à l'expiration d'un temps qu'il n'appartient
qu'à elle et au Conseil et à l'Assemblée, sous l'autorité
desquelles elle procède, de déterminer, c'est aux élus
déjà nommés qu'ont laissé le soin de procéder par
cooptation à la détermination des autres.

A l'épreuve, donc, le mécanisme de nomination des juges imaginé par quelques juristes se révéla plus satisfaisant encore qu'on eût osé l'espérer. Dès la fin du premier jour, la Cour était au complet, sauf pour un seul suppléant.

Il faut reconnaître que des raisons diverses, en dehors du mécanisme électoral fort ingénieux, aidèrent au succès. Tout d'abord de nombreux candidats se désintéressent en faveur d'un de leurs concitoyens. Par exemple pour la France qui à cet égard donna l'exemple, MM. Bourgeois, Fromageot, Larnaude et Poincaré se retirèrent devant M. Weiss. L'Amérique adopta la même attitude, ce qui facilita, comme on l'a vu, l'élection de M. Moore. D'autre part, on tint à l'honneur d'avoir une certaine représentation des divers systèmes juridiques essentiels, ce qui fit aboutir certaines candidatures. Enfin les deux grands organes de la Société des Nations, Assemblée et Conseil, étaient enivrés d'un sincère désir de coopération et de succès.

Dans l'ensemble, les choix des juges furent excellents. Cependant ils n'ont pas échappé à toute critique. On a dit tout d'abord que la civilisation latine était peut-être un peu abondamment représentée, alors que les civilisations slave et allemande l'étaient peu et la civilisation mahométane pour ainsi dire point.

Jusqu'au dernier moment, on espéra que le candidat

de l'Inde, Amir Ali, serait choisi ; malheureusement il n'en fût rien.

On ajoute que les candidats choisis furent plutôt des savants, des professeurs, que des juges de profession, et qu'ainsi l'expérience leur manquait. Il est difficile de se prononcer sur la valeur de cette objection ; certes des juges de profession ont une expérience qui peut être utile, mais qui devient facilement routinière. Quoiqu'il en soit, l'œuvre de la Cour démontre que les juges ont triomphé de cette difficulté.

On a encore soutenu que si le choix des candidats eût émané des Gouvernements plutôt que des groupes nationaux, il eut été meilleur. C'est un point qui s'est discuté. M. Politis écrit que « les choix pouvaient difficilement être meilleurs ». Il fait cependant une critique. La seule observation qu'on pouvait faire au sujet de la procédure suivie en 1921 pour l'élection des juges, c'est que l'Assemblée n'a peut-être pas été suffisamment avertie des mérites respectifs des candidats. A part quatre ou cinq noms qui, désignés par plusieurs pays à la fois, s'imposaient comme bénéficiaires d'une sorte de plébiscite international, l'Assemblée pouvait hésiter, pour les autres dix places, entre 20 ou 30 candidats qu'elle connaissait mal ou pas du tout. Il eût été désirable d'établir, suivant l'usage suivi devant les Académies, un examen des titres des candidats, au sein d'une Commission spéciale, et un comité secret. Les choix n'auraient peut-être pas été différents, mais on les eût ainsi libérés de tout soupçon d'influence politique. Cette suggestion ne paraît pas s'imposer, semble-t-il ; comment composer ce comité secret ? Pourquoi serait-il plus impartial que le Conseil et l'Assemblée ? Est-ce que ce sont toujours les plus dignes qui arrivent aux Académies dont parle M. Politis ?

Le problème du recrutement des juges ayant ainsi reçu une solution, il ne restait à régler que des questions subsidiaires. Les juges sont élus pour 9 années, à dater du 1er janvier 1922. Neuf ans parurent un terme convenable, en ce qu'il permettait, d'une part, d'assurer une certaine continuité de jurisprudence,et de l'autre, d'éliminer les juges qui se révéleraient insuffisants. En plus, des réélections à intervalles assez rapprochés entretiennent l'intérêt des États vis-à-vis de la Cour, car, dans la nouvelle redistribution des sièges, les États primitivement évincés peuvent espérer être plus favorisés. Enfin, la composition de la Cour peut ainsi s'adapter aux conditions essentiellement changeantes du monde, en ce moment surtout. Par exemple, si l'Allemagne et la Russie finissaient par entrer à la Société des Nations, il est à présumer qu'elles obtiendront des postes de juges à la Cour, étant donné l'importance des apports juridiques qu'elles représentent.

Les juges, nommés pour 9 ans, peuvent d'ailleurs être réélus, et il est désirable qu'ils le soient, au moins en partie, s'ils ont rempli dignement leur mission. Il n'y aurait que des inconvénients à se priver de leur expérience.

Peuvent-ils cumuler d'autres fonctions avec celles de juge à la Cour ? C'est la question des incompatibilités ? Elle est délicate et a été très bien exposée par M. de Lapradelle (1).

« Un haut magistrat, un grand professeur, que la confiance des nations appelle à la Cour, doit pouvoir continuer, le magistrat à juger dans son pays, le professeur à donner son enseignement ; pour eux, aucune espèce d'incompatibilité.

De même un parlementaire éminent pourra garder son mandat législatif. Mais un membre du Gouvernement, Ministre ou Sous-Secrétaire d'État, un représentant diplomatique, un directeur du Ministère, ou l'un de ses subordonnés, le jurisconsulte d'un Ministère des Affaires étrangères, bien qu'il puisse être investi des fonctions d'arbitre à la Cour de 1899 ne saurait l'être des fonctions de juge à notre Cour. D'une part, il n'y aurait pas de vacances suffisantes pour concilier ces deux fonctions. D'autre part, il n'aurait pas l'indépendance nécessaire pour siéger à la Cour, parce que, engagé à fond dans la politique active, il n'aura pas la sérénité d'esprit nécessaire à l'exercice de cette haute fonction. Si, au moment

(1) Procès-verbaux, pp. 715-716.

d'une élection à la Cour, l'élu est dans cette situation, son élection n'est pas nulle ; il s'agit ici d'une incompatibilité, non d'une incapacité ; mais il doit opter dans le délai fixé par le règlement intérieur de la Cour. Si postérieurement à son entrée à la Cour, un juge accepte des fonctions, dont le caractère d'activité politique ne lui permet pas de garder son siège, il peut être mis en demeure d'opter dès l'instant qu'il est constaté qu'il les a effectivement acceptées.

« L'incompatibilité des fonctions de juge avec la participation active à la direction politique d'un pays déterminé s'étend également au cas d'une activité internationale, telle que celle qui résulterait de la qualité de représentant d'une nation Membre de la Société, soit au Conseil, soit à l'Assemblée, de Secrétaire-Général, ou, à un titre quelconque, de membre du Secrétariat de la Société des Nations. Mais, de même que la qualité de membre de la Cour n'est pas incompatible avec celle de membre d'un tribunal national, elle ne l'est pas davantage avec celle de membre d'un tribunal international, notamment, de membre de la Cour d'Arbitrage de la Haye ; solution déjà admise pour la Cour de Justice Arbitrale de 1907 dont les membres peuvent faire partie de la Cour Permanente d'Arbitrage ; ainsi se soudent une fois de plus les liens des deux Cours.

Mais, à partir du jour où le juge entre en fonctions, il ne peut plus exercer comme agent, conseil, ou avocat dans aucune affaire d'ordre international, fut-ce même de son propre pays ; incompatibilité que ne connaissait pas la Cour d'Arbitrage, mais qu'il n'est pas permis d'oublier dans une Cour de Justice ».

En cas de doute, il appartient à la Cour de décider (1).

Pendant la durée de leurs fonctions, 9 ans, les juges sont, en principe, inamovibles. Ils ne peuvent être révoqués, ni par leurs gouvernements dont ils ne sont pas les mandataires, ni par la Société des Nations dont ils tiennent leur élection, mais dont ils ne dépendent plus dès qu'ils sont nommés. Cette indépendance de la Cour de Justice par rapport à la Société des Nations n'est pas pour déplaire à l'Amérique, loin de là. C'est d'ailleurs une garantie de bonne justice. Bref, les membres de la Cour ne peuvent être relevés de leurs fonctions que, si, au jugement unanime des autres membres, ils ont cessé de répondre aux conditions requises (2).

En outre, d'après l'article 19, ils jouissent dans l'exercice de leurs fonctions des privilèges et immunités diplomatiques. C'est un moyen de plus de sauvegarder leur indépendance.

Avant d'entrer en fonctions, ils prêtent un serment exclusivement professionnel.

_______

(1) Articles 15 et 17 du Statut.
(2) Article 18.

Le Président, le Vice-Président, le Greffier sont nommés par la Cour elle-même et sont rééligibles.

L'article 22 détermine le siège de la Cour ; c'est La Haye et non pas Genève. Cette disposition mérite d'être soulignée dans la campagne qui se poursuit actuellement aux États-Unis pour l'adhésion à la Cour de Justice ; car elle montre, matériellement, s'il est permis de s'exprimer ainsi, que la Cour de Justice n'est pas une succursale de la Société des Nations.

Le Président et le Greffier doivent résider au siège de la Cour ; mais les autres membres peuvent ne faire acte de présence qu'au moment des sessions.

La Cour tient au moins une session par an : le 15 juin, en principe. La session dure jusqu'à épuisement du rôle. Il peut y avoir des sessions extraordinaires toutes les fois que le Président le juge utile en égard aux circonstances.

En règle générale, la Cour siège au complet, sauf en cas de procédure sommaire. Si les 11 juges titulaires ne peuvent être présents, la Cour se complète par les suppléants, dans l'ordre du tableau.

Les États-Unis ne connaissent pas l'institution des juges suppléants ; mais ici elle a des avantages, comme l'a montré M. de Lapradelle (1). « Par cette disposition, la situation du juge suppléant se relève ; ses chances d'entrer en fonctions augmentent. Ce résultat présente

(1) Procès-verbaux des Séances du Comité Consultatif des Juristes, p. 720.

de nombreux avantages ; il intéresse les États qui,
n'espérant pas, à raison de leur importance, un juge
titulaire, voient s'ouvrir devant eux la possibilité
d'exercer, par un juge suppléant, une participation
à la Cour. D'autre part, en donnant une réelle activité aux juges suppléants, on favorise le recrutement
d'une magistrature capable parmi les hommes qui
d'affaire en affaire, auront pris avec l'expérience judiciaire, l'esprit de suite indispensable à la continuité
des traditions de la Cour. Elus de la même manière
que les juges titulaires, quoique après eux, devant
présenter les mêmes conditions de capacité, frappés
des mêmes incompatibilités, tenus à la même déclar-
ration solennelle avant d'entrer en fonctions, les juges
suppléants ne se séparent des juges titulaires que par
l'intermittence de leur activité. Un juge titulaire
a-t-il un empêchement momentané ? Le suppléant
le remplace. Un juge titulaire est-il atteint d'une
incapacité absolue de continuer ses fonctions et son
siège est-il déclaré vacant ? Le juge suppléant prend
ce siège jusqu'à la prochaine élection. Ainsi le rôle du
suppléant n'est pas seulement honorifique, mais actif.
Il est membre de la Cour au même titre que le juge
titulaire. On peut prévoir que ces fonctions ne man-
quent pas d'être effectives ; l'article 25 y contribuera.»

Il faut d'ailleurs observer que la présence de 11
juges n'est pas indispensable ; la Cour est valablement
constituée dès que 9 de ses membres sont présents.

Dans la matière d'ordre technique, la constitution de la Cour est très particulière, comme on peut s'en rendre compte en lisant les articles 26 et 27 du Statut. Le Bureau International du Travail aurait désiré que les différends relatifs au travail fussent soustraits de sa compétence et attribués à un tribunal distinct formé d'une manière absolument différente et composé de magistrats spéciaux.

Cette suggestion fut rejetée comme contraire au caractère unitaire de la Cour ; mais il en a cependant été tenu compte dans une certaine limite, soit pour les litiges du travail, soit pour d'autres encore, moyens de transport, etc.. Voici l'appréciation que porte M. Morellet (1) sur les articles 26 et 27 : « En résumé le régime adopté par le Statut de la Cour, en ce qui concerne les litiges techniques est limité aux affaires de Travail et de Transit ; lorsqu'un litige de cette nature sera porté devant la Cour, les parties auront le choix entre deux solutions : ou soumettre le différend à la Cour siégeant *in pleno*, ou de le soumettre, si elles sont d'accord sur ce point, à la Cour constituée en chambre spéciale de cinq membres. En matière de travail, la Cour sera, dans les deux cas, obligatoirement assistée d'assesseurs techniques ; en matière de transit, il ne sera fait appel aux assesseurs que si les parties le demandent ou si la Cour le décide. Les assesseurs

(1) Morellet, *l'Organisation de la Cour Permanente de Justice Internationale*, p. 122.

ayant simplement voix consultative, la décision sera l'œuvre des juges seuls. »

M. Morellet reconnaît que les jugements de la Cour, grâce aux techniciens, acquièrent une précieuse autorité ; mais il ajoute qu'il est assez arbitraire de limiter cette procédure aux seuls litiges du travail et du transit. Il eût été à la fois plus simple et plus sage de décider que la Cour pourrait s'adjoindre des techniciens experts toutes les fois qu'une compétence spéciale serait nécessaire.

A côté de la composition de la Cour jugeant en matière ordinaire que nous avons décrite, il convient de dire qu'en matière sommaire la Cour est constituée différemment. C'est l'article 29 qui règle cette question : « En vue de la prompte expédition des affaires, la Cour compose annuellement une Chambre de trois juges, appelée à statuer en procédure sommaire, lorsque les parties le demandent ». C'est un texte de principe qui a été complété par la Cour elle-même (1).

La procédure sommaire est connue de toutes les législations ; elle a l'avantage de la célérité, mais son champ d'action est toujours mal délimité, ce qui ne va pas sans créer des difficultés par exemple, en France, dans les référés. Ce sont d'ailleurs là des questions de détail sur lesquelles il n'est pas utile d'insister davantage.

Il faut venir à un problème bien plus grave : con-

(1) Articles 67-70 du Règlement de Procédure.

vient-il que la Cour comprenne un juge qui soit national des Puissances en conflit ? Trois hypothèses sont possibles dans la réalité :

1º Il se peut que chacune des Puissances en désaccord ait un de ses nationaux parmi les juges ;

2º Il se peut qu'une seule des Puissances soit dans ce cas ;

3º Il se peut que ni l'une ni l'autre des Puissances n'ait un national dans la Cour.

Voici, d'après M. Politis (1), les solutions admises dans ces diverses hypothèses. « Si les deux parties ont au siège des juges de leur nationalité, elles les conservent. Si l'une d'elles seulement y est représentée, l'autre est autorisée à désigner pour siéger un juge suppléant de sa nationalité, et, s'il n'en existe pas à choisir un juge de préférence parmi les personnes ayant figuré parmi les candidats lors des élections. Si enfin les deux parties ne sont pas représentées à la Cour, chacune d'elles peut procéder à la désignation ou au choix d'un juge, comme il vient d'être dit.

« Par là, la Cour se rapproche du type d'un tribunal arbitral. Mais c'est une nécessité, car ses justiciables ne sont pas des plaideurs ordinaires, ce sont des États qui ne sont pas encore habitués à se plier aux exigences de la justice, comme de simples particuliers. Comme l'a dit M. Loder, le 13 décembre 1920 devant l'Assemblée, la solution adoptée est « une concession

(1) Politis, *La Justice Internationale*, p. 165.

faite à la faiblesse morale encore existante. Mais le temps l'effacera et le jour viendra où la Cour pourra briller dans toute sa dignité ».

Dans les Cours de justice ordinaire les plaideurs ne sont pas représentés sur le siège ; ils ne le sont qu'à la barre. C'est là, semble-t-il, la forme de l'avenir.

Il reste à dire quelques mots de la rétribution des juges. Cette question n'a peut-être pas un bien grand intérêt au point de vue juridique ; mais elle mérite cependant de retenir l'attention.

Les articles 32 et 33 du Statut stipulent que les frais de la Cour sont fixés et payés par la Société des Nations. On en a parfois conclu, en Amérique surtout, que la Cour était sous la dépendance de la Société des Nations ; ce qui n'était pas de nature à relever son prestige outre-Océan. Il sera répondu plus loin à cette objection. Objectivement, l'on doit reconnaître que si l'on veut s'assurer des juges capables et intègres, il faut les bien payer. Dans les pays anglo-saxons, il est un principe généralement admis, c'est que le cerveau doit être bien rémunéré.

Voici les prévisions budgétaires de la Cour pour 1926 (1) :

(1) Rapport annuel, Finances de la Cour p. 297, suite de la n.p.106.

SECTION I. — DÉPENSES ORDINAIRES

Chapitre   I. — Session de la Cour............ Fl.   486.200
Chapitre   II. — Services généraux.................   438.963

Nous avons vu jusqu'ici dans quelles conditions la Cour a été créée et comment elle a été organisée. Il reste à indiquer très sommairement sa compétence et sa procédure.

Sa compétence est multiple : elle est d'une part contentieuse et de l'autre consultative. La compétence contentieuse se subdivise à son tour en compétence *ratione personæ* et *ratione materiæ*, facultative et obligatoire. La compétence *ratione personae* détermine quels sont les plaideurs à qui l'accès de la Cour est ouvert. La compétence *ratione materiæ* indique les litiges qui relèvent de la Cour. Nous les examinerons successivement.

Tout d'abord les invidus doivent-ils être admis à plaider contre les Etats ? Il y a de nombreuses hypothèses où cela pourrait être intéressant, par exemple pour faire payer une question de nationalité, dans le

<table>
<tr><td>CHAPITRE III. — Frais de gestion des fonds.......</td><td>75</td></tr>
<tr><td>CHAPITRE IV. — Contribution à la constitution d'un fond de pension pour le personnel</td><td>10.000</td></tr>
</table>

### SECTION II. — COMPTE CAPITAL

| | |
|---|---|
| CHAPITRE V........................................ | 3.500 |
| Fl........... | 936.738 |
| Recettes en déduction : Intérêts................... | 7.500 |
| | 931.238 |
| Sommes recouvrables........................... | 15.400 |
| Fl........... | 915.838 |

cas où le même individu est revendiqué par deux Etats
C'est la négative qui a prévalu, comme on l'a déjà
vu, et cela peut-être à cause de l'expérience américaine.

L'article 34 dispose que la Cour est ouverte aux
seuls Etats ou aux Membres de la Société des Nations.
Sont donc admis à plaider 1° les Etats et 2° certaines
unités politiques qui ne sont pas des Etats au sens
strict du droit international, c'est-à-dire des unités
politiques souveraines, mais à la condition qu'elles
soient membres de la Société des Nations. A ce dernier
titre, par exemple, le Canada a accès à la Cour, mais la
Papauté se trouve exclue, parce qu'elle ne constitue
pas un Etat, et parce qu'elle ne fait pas partie de la
Société des Nations. C'est un très grave problème de
savoir s'il ne conviendrait pas d'admettre la Papauté
parmi les membres de la Société des Nations,en raison,
d'une part, de ses initiatives séculaires en faveur de
la paix, et de l'autre, de sa haute influence dans le
monde.

Les Etats ont tous accès devant la Cour ; mais pas
dans les mêmes conditions : on fait une situation de
faveur aux membres de la Société des Nations, ainsi
qu'aux Etats mentionnés à l'annexe du Pacte (1).

A raison de cette dernière formule, les Etats-Unis
sont traités comme s'ils étaient membres de la Société
des Nations.

(1) **Article 35.**

Si la Cour est ouverte à des Etats contre des Etats, est-ce à ceux qui sont actuellement membres de la Société des Nations ? Par une exception qui ne peut être, dans la pensée de quelques-uns que temporaire, les Etats-Unis d'Amérique, mentionnés au Traité de Versailles parmi les membres originaires de la Société des Nations, ne sont pas encore entrés dans cette Société.

Signataires du Pacte, sans l'avoir encore ratifié, ils sont dans une situation spéciale. Une semblable situation appelait un régime particulier. La Cour leur est ouverte sans autres conditions que de satisfaire aux prescriptions de l'article 17, qui pour eux, se réduiront certainement à prendre une part aux frais généraux de son administration. Pour les autres Etats, les conditions auxquelles la Cour leur est ouverte sont, sous réserves des dispositions particulières des Traités en vigueur, réglées par le Conseil et dans tous les cas, sans qu'il puisse en résulter pour les parties aucune inégalité devant la Cour (1) : ce serait le cas par exemple, de l'Amérique et de la Russie.

En principe, la compétence de la Cour par rapport aux Etats et assimilés n'est pas obligatoire ; elle n'est que facultative, c'est-à-dire qu'elle ne connait que des litiges qui lui sont soumis d'un commun accord par les Puissances en conflit . Nous avons déjà exposé ci-dessus, qu'en conformité de la résolu-

(1) Article 38.

tion adoptée à la Haye en 1907, la Conférence est unanime :

1° A reconnaître le principe de l'arbitrage obligatoire ;

2° A déclarer que certains différends, et notamment ceux relatifs à l'interprétation et à l'application des stipulations et conventions internationales, sont susceptibles d'être soumis à l'arbitrage obligatoire, sans aucune restriction.

Le Comité Consultatif des Juristes s'était prononcé, dans des cas spécifiés, pour la compétence obligatoire ; mais cette suggestion fut rejetée comme contraire à l'article 12 du Pacte. « La principale objection, écrit M. Politis (1), fut que l'obligation paraissait contraire à l'article 12 du Pacte, qui, pour la solution des différends, donne aux parties le choix entre la procédure judiciaire et le recours au Conseil. On estima dès lors qu'il n'y avait pas lieu d'envisager pareille modification au Pacte, qu'il s'agissait simplement d'appliquer et que dans ces conditions, il valait mieux ne donner à la Cour qu'une compétence purement facultative.

« A la vérité, l'objection était loin d'être décisive, car comme la convention des parties peut donner compétence à la Cour, on ne voit pas pourquoi cet accord ne pourrait pas être constaté par une convention générale passée entre deux ou plusieurs Etats. »

(1) Politis, *La Justice Internationale,* p. 168.

Nous permettra-t-on de dire que l'argumentation de M. Politis n'est pas absolument convaincante. Il y a quelque différence entre le compromis et la clause compromissoire. C'est si vrai que dans la législation interne française, le compromis est toujours permis, alors que la clause compromissoire est presque toujours interdite. En effet, dans le compromis, on sait très bien à quoi l'on s'engage, puisque le litige est né et déterminé, tandis que dans la clause compromissoire l'aléa est beaucoup plus grand.

Quoiqu'il en soit, M. Politis continue ainsi : « Si, au point de vue juridique, l'objection était fragile, elle avait, au point de vue politique et pratique, un caractère de haute gravité. Elle dénotait, chez certaines Puissances, le défaut de volonté de se lier définitivement dans certains cas vis-à-vis des autres membres de la Société. La notion de l'obligation repose sur la confiance réciproque. Si cette confiance n'existe pas à l'égard de tous, l'obligation n'est pas recommandable, car, stipulée sans conviction, elle risque de rester, dans la pratique, lettre morte, ce qui est pire que le refus de l'admettre. Ce fut donc, de la part du Conseil, un acte de grande sagesse de l'écarter ; le même point de vue triompha devant l'Assemblée. Les Etats, partisans de l'obligation — et ils étaient très nombreux — comprirent qu'il valait mieux avoir la Cour Permanente de Justice Internationale, fût-ce avec une compétence purement facultative, plutôt que d'en sacrifier l'établissement à l'honneur des principes. »

Donc, en principe, la compétence de la Cour est facultative. Mais il y a des exceptions. Tout d'abord, le Protocole de Signature du Statut de la Cour Permanente de Justice Internationale a été suivi de la Disposition Facultative que voici : « Les soussignés, dûment autorisés, déclarent en outre, au nom de leur Gouvernement, reconnaître dès à présent, comme obligatoire de plein droit et sans convention spéciale, la juridiction de la Cour, conformément à l'article 36 § 2 du Statut de la Cour.

Ce paragraphe est ainsi rédigé : « Les membres de la Société et Etats mentionnés à l'annexe du Pacte, pourront, soit lors de la signature ou de la ratification du Protocole, auquel le présent acte est joint, soit ultérieurement, déclarer reconnaître dès à présent, comme obligatoire, de plein droit et sans convention spéciale, vis-à-vis de tout autre membre ou Etat acceptant la même obligation, la juridiction de la Cour, sur toutes ou quelques-unes des catégories de différends d'ordre juridique ayant pour objet :

A) L'interprétation d'un Traité ;

B) Tout point de droit international ;

C) La réalité de tout fait qui, s'il était établi, constituerait la violation d'un engagement international ;

D) La nature ou l'étendue de la réparation dûe pour la rupture d'un engagement international.

La déclaration ci-dessus visée pourra être faite purement et simplement ou sous condition de réciprocité de la part de plusieurs ou de certains Etats ou membres, ou pour un délai déterminé.

En cas de contestation sur le point de savoir si la Cour est compétente, la Cour décide. »

Seuls les petits Etats avaient d'abord signé cette disposition. Les grands Etats s'étaient réservés. Mais la France a heureusement pris l'initiative d'adhérer, et l'on peut être assuré que, dans un temps plus ou moins long, les autres Puissances suivront.

Un deuxième cas de compétence obligatoire est déterminé par l'article 37 : « Lorsqu'un traité ou convention en vigueur vise le renvoi à une juridiction à établir pour la Société des Nations, la Cour constituera cette juridiction. » Cette hypothèse est de nature à se réaliser souvent, comme l'a montré Bustamante dans son ouvrage (1).

Nous venons de voir la compétence de la Cour en matière contentieuse, soit *ratione personæ*, soit *ratione materiæ*, soit facultative, soit obligatoire. Il reste à donner quelques brèves indications sur sa compétence consultative.

D'une manière générale, les Cours de justice ne donnent pas d'avis ; elles rendent des arrêts. Mais il y a de nombreuses exceptions : par exemple, en Grande-

(1) Bustamante, *La Cour Permanente de Justice Internationale*, p. 204-213.

Bretagne, Colombie, Panama, etc.. En France même, le Conseil d'Etat est, dans certains cas, un donneur d'avis. Il a un contentieux de l'interprétation.

Aux Etats-Unis également, il y a des précédents, non pas à la Cour Suprême, mais dans les Cours des Etats particuliers. Pour ce qui est de la Cour Suprême, il fût proposé à la Convention Fédérale que « chaque branche de la législature, de même que le chef de l'exécutif, ait le pouvoir de requérir l'avis de la Cour Suprême sur les questions juridiques importantes et dans les occasions solennelles. » En fait, la Constitution Fédérale est muette sur la question des avis consultatifs. On sait que, pendant la Révolution française, de graves différends se produisirent entre le Président des Etats-Unis et le représentant de la France à Washington, Gênet. Le Ministère résolut de prendre l'avis de la Cour Suprême de Justice. et le 18 juillet 1793, 29 questions lui furent soumises pour avis. Washington espérait une réponse affirmative, puisqu'il avait donné des instructions pour attendre l'avis des magistrats absents. Mais le 8 août 1793, la Cour déclara qu'elle n'avait pas à donner d'avis consultatif sur les problèmes qui lui étaient soumis. Cette décision constitua un précédent qui a fait autorité et a depuis toujours été suivi. Peut-être cependant s'explique-t-il plutôt par des circonstances de fait que par des motifs de droit.

Quant aux Etats particuliers qui pratiquent le

système des avis consultatifs ils se rangent en trois catégories : il y a d'abord ceux dont la Constitution elle-même attribue à la Cour la mission de donner des avis consultatifs : Massachusets (140 avis environ à ce jour) ; New-Hampshire (de 1784) ; Maine (de 1820); Rhode Island (de 1842) ; Missouri (de 1865) ; Florida (de 1868) ; South Dakota (de 1899).

Il y a ceux dont la Constitution est muette à cet égard, et qui cependant offrent des exemples d'avis consultatifs : New York et Pennsylvanie, et tout récemment, (1923), l'Alabama.

Il y a enfin les Etats, dont la Constitution ne contient pas de disposition sur la question ; mais qui ont sur ce point des statuts particuliers : Minnesota, Delaware, Vermont. Ces statuts ont fini par être regardés comme inconstitutionnels et par disparaître.

En définitive, aux Etats-Unis, la pratique des avis consultatifs par les Cours de justice n'apparaît pas comme une institution heureuse ; on croit que les Cours sont faites pour rendre des arrêts, et non pas pour donner des consultations. En France même, beaucoup d'auteurs pensent que le Conseil d'Etat gagnerait à être déchargé du contentieux de l'interprétation.

Quoi qu'il en soit, la Cour Permanente de Justice Internationale a une compétence consultative à côté de sa compétence contentieuse.

Et cette mesure peut, semble-t-il, avoir d'heureux

effets sur le développement du droit international.

Création, organisation, compétences diverses de la Cour ; tel est déjà le bilan de ce long chapitre. Il reste, pour l'achever, à dire quelques mots de la procédure.

On doit d'abord faire diverses observations :

1º Les projets qui furent soumis au Comité des Juristes ne contenaient presque rien sur la procédure ;

2º Le Comité des juristes dont le rôle fut si grand par ailleurs, ne s'occupa guère plus de cette question ;

3º Ni le Conseil, ni la Société des Nations, n'étaient qualifiés pour traiter le sujet, de telle sorte que, d'après l'article 30 du Statut, c'est la Cour elle-même qui détermine par un règlement la forme dans laquelle elle exerce ses attributions.

Néanmoins, il ne peut rien exagérer. Dans le Statut même il y a un grand nombre d'articles relatifs à la procédure (articles 35 à 64),mais ces articles ne présentent guère de particularités ; on les trouve dans tous les codes de procédure. Voici cependant quelques dispositions un peu spéciales : les procès sont communiqués, non seulement aux intéressés, mais aux membres de la Société des Nations, par l'entremise du Secrétaire-Général (1) ; l'audience est publique, à moins qu'il n'en soit décidé autrement par la Cour, ce qui est normal,ou que les deux parties ne demandent que le public ne soit pas admis ; lorsqu'une des parties

(1) Article 40.

ne se présente pas, ou s'abstient de faire valoir ses moyens, l'autre partie peut demander à la Cour de lui adjuger ses conclusions (1). La Cour, avant d'en faire droit, doit s'assurer non seulement qu'elle a compétence aux termes des articles 36 et 37, mais que les conclusions sont fondées en fait et en droit ; si l'arrêt n'exprime pas en tout ou en partie l'opinion unanime des juges, les dissidents ont le droit d'y joindre l'exposé de leur opinion individuelle ; s'il en est autrement décidé par la Cour, chaque partie supporte ses frais de procédure (2).

Quant au Réglement, il consacre un très grand nombre d'articles à la procédure : 32 à 75. Ce qui le caractérise, c'est qu'il n'est pas très rigide. L'article 32 par exemple, qui est l'article du principe est ainsi rédigé : « Les dispositions du présent titre sont établies sans préjudice de l'adoption par la Cour d'autres règles que les parties intéressées pourraient proposer d'un commun accord en tenant compte des circonstances particulières de chaque affaire. » L'article 32 ajoute : « Dans chaque cas déterminé, les délais sont fixés par la Cour en assignant une date précise pour les divers actes de procédure ; elle tient compte autant que possible, de l'accord des parties. »

Bref, dans cette partie réservée à la procédure, l'on

(1) Article 53.
(2) Article 57.

a peut-être plus qu'ailleurs, la sensation que la Cour
est encore, à un certain degré, un tribunal d'arbitrage.
On peut espérer que, peu à peu, elle justifiera pleinement le titre qu'elle porte.

C'est un axiome qu'un arbre se juge à ses fruits.
Pour pouvoir apprécier la Cour, il est donc nécessaire
de donner quelques indications sur son œuvre.

# CHAPITRE II



## L'ŒUVRE DE LA COUR PERMANENTE
## DE JUSTICE INTERNATIONALE (1)

La première réunion de la Cour se tint du 30 janvier
au 24 mars 1922. Elle eut pour objet d'élaborer le
réglement dont il a été parlé ci-dessus. Tous les juges
furent convoqués à cette session ; mais ne purent y
assister que MM. Leoder, Weiss, Finlay, Nyholm,
Moore, Altamira, Oda, Anzilotti, Huber, Yovanovitch, Beichmann et Negulesco. Le réglement fut
adopté le 24 mars 1922 et communiqué aux membres
de la Société des Nations et Etats pouvant ester en
justice devant la Cour. Il n'a reçu depuis qu'une modification de pure forme (11 janvier 1925) touchant la
préséance du Président sortant, qui siège à droite du
Président en exercice.

(1) Les éléments de ce chapitre nous ont été fournis principalement par le Rapport annuel de la Cour Permanente de Justice
Internationale 1er janvier 1922, 18 juin 1925, p. 57 et suiv. ; pour
ce qui concerne la période depuis cette dernière date on a communiqué directement avec la Haye pour avoir les faits ».

La première session ordinaire de la Cour s'ouvrit le 15 juin 1922 (1) et se termina le 12 août ; elle donna trois avis consultatifs.

Le premier était relatif au point de savoir si la désignation du délégué ouvrier néerlandais à la troisième session de la Conférence Internationale du Travail était régulière ou non. Le troisième paragraphe de l'article 389 du Traité de Versailles stipule que les Gouvernements des Membres de l'Organisation Internationale du Travail s'engagent à désigner les délégués aux Conférences générales et leurs conseillers techniques non gouvernementaux d'accord avec les organisations professionnelles les plus représentatives, soit des employeurs, soit des travailleurs du pays considéré sous la réserve que de telles organisations existent. La Confédération néerlandaise des syndicats prétendit que le Gouvernement des Pays-Bas avait manqué à ses obligations et protesta auprès du Bureau International du Travail. Celui-ci saisit le Conseil de la Société des Nations qui transmit l'affaire pour avis à la Cour de Justice.

L'avis fut rendu le 31 juillet 1922 et approuva le mode d'opérer du Gouvernement des Pays-Bas. D'après Bustamante « la consultation ne contient pas

_______

(1) Voir l'article 23 du Statut de la Cour.

(2) Bustamante, *La Cour Permanente de Justice Internationale* p. 261.

autre chose que cette norme d'interprétation : ce qui conduit à l'absurde n'est pas admissible. S'il était exact comme le soutenait la réclamation, en un pays, où il y avait six organisations ouvrières, dont l'une avait 110.000 associés et chacune des autres 100.000, que la première dût avoir toujours la préférence pour exiger la nomination d'un délégué d'accord avec elle, 110.000 ouvriers auraient imposé leur volonté à 500.000 (1). »

Les avis nᵒ 2 et 3 étaient relatifs à la compétence de l'Organisation Internationale du Travail en matière agricole.

C'est la France qui avait pris l'initiative de demander au Conseil de la Société des Nations de poser certaines questions à la Cour de Justice. Celle-ci rendit les deux avis qui lui étaient demandés le 12 août 1922. Elle décida d'abord que la compétence de l'Organisation Internationale du Travail s'étend bien à la réglementation internationale des conditions du travail des personnes employées dans l'agriculture. Le vice-Président, M. Weiss, et M. Negulesco dé-

(1) Manley O. Hudson, écrivant sur l'œuvre de la Cour, dans la World Peace Foundation Pamphlet, Vol. VIII, nᵒ 7, dit (p. 337) à l'égard de cet avis consultatif : « Il constitue une clarification notoire de la Partie de travail des traités de Paix, et dans l'avenir il aidera de beaucoup les gouvernements dans la nomination à la Conférence Internationale du travail des délégués non-gouvernementaux. »

clarèrent ne pouvoir se rallier à l'avis de la Cour (1).

Dans le second avis, la Cour décide que l'examen des moyens de production agricole est hors de la compétence de l'Organisation Internationale du Travail et qu'elle ne l'a d'ailleurs jamais revendiqué. La thèse de la France était donc rejetée quant au premier point. Le 28 octobre 1922, M. de Vogué fit, au nom du Gouvernement français, la déclaration suivante (2) :

« Nous nous inclinons devant l'avis exprimé par la Cour Permanente de Justice Internationale avec la déférence qui est dûe à cette haute juridiction. Il n'en est pas de meilleure preuve que ma présence ici où je représente, en même temps que le Gouvernement français, l'agriculture française.... »

Bustamante écrit que « cette espèce ne se prêtait pas non plus à formuler des théories fondamentales de droit international (3). »

Le 8 janvier 1923 s'ouvrit une session extraordinaire de la Cour qui prît fin le 7 février suivant. Elle n'avait qu'un objet bien délimité : donner un avis sur les décrets de nationalité promulgués en Tunisie et au Maroc, zone française le 8 novembre 1921. Voici sommairement l'historique de cette affaire.

---

(1) D'après le § 2 de l'article 71 du Règlement de la Cour « les opinions dissidentes des juges qui le désirent sont jointes à l'avis ».

(2) Voir *Rapport Annuel de la Cour* (1922-1925), p. 187, qui cite Procès-verbaux n° 8.

(3) BUSTAMANTE, *La Cour Permanente de Justice Internationale*, p. 263.

Le bey avait promulgué un décret dont l'article 1 stipule que : « Est Tunisien, à l'exception des citoyens, sujets ou ressortissants de la Puissance protectrice, autre que nos sujets, tout individu né sur le territoire de notre royaume, de parents dont l'un y est né lui-même, sous réserve des dispositions des conventions ou traités liant le Gouvernement tunisien. »

Le même jour (8 novembre 1922) le Président de la République transcrivit le décret suivant : Est Français tout individu né dans la Régence de Tunis de parents dont l'un, justiciable au titre étranger des Tribunaux français du Protectorat, est lui-même né dans la Régence. »

Le Gouvernement britannique duquel relevaient de nombreux Anglo-Maltais touchés par ce texte, s'opposa à toute application à ceux qu'il considérait toujours comme relevant des faits. Ne pouvant s'entendre à l'amiable, ni même par arbitrage, les deux Gouvernements se mirent d'accord pour décider que si la question n'échappait pas aux termes de l'article 58 à la compétence de la Société des Nations elle ferait l'objet soit d'un arbitrage soit d'un règlement judiciaire.

La question préalable à résoudre par la Cour était celle-ci : le différend est-il ou n'est-il pas, d'après le droit international, exclusivement d'ordre intérieur ?

La Cour répondit par la négative, sans d'ailleurs entrer dans le fond de la question. Mais, bien que le

Gouvernement français déclarât à l'audience accepter de soumettre au fond le différent à la Cour Permanente de Justice Internationale, le Gouvernement britannique persuadé, par les débats qui de la forme avaient porté au fond des Grandes Nations, succès de la thèse française propose au Gouvernement français une entente amiable. A la suite d'une brève négociation conduite à Londres par MM. Cecil Hurst et de Lapradelle, le Gouvernement britannique déclara se rallier au point de vue français, à la seule condition d'un droit d'option, ouvert à la seconde génération à venir de la nationalité britannique, droit d'option non transmissible à la troisième. Bustamante écrit (1) que les bases de cet avis sont d'une grande importance et d'une rare élévation. « L'avenir se chargera de les mettre en relief pour les cas pratiques futurs pour l'orientation scientifique du droit des gens. »

La deuxième session ordinaire (15 juin 1923-15 septembre 1923) fut plus chargée que les précédentes : a Cour rendit son premier arrêt et donna trois avis.

L'arrêt est relatif à l'affaire du Vapeur « Wimbledon ». Un vapeur anglais, le Wimbledon, affrêté au time-charter par la Société française. « Les Affrêteurs Réunis » avait chargé à Salonique, en mars 1922, des munitions et du matériel de guerre à destination

_______

(1) BUSTAMANTE, *La Cour Permanente de Justice Internationale*, p. 267.

de Dantzig. L'Allemagne lui refusa l'entrée du canal de Kiel , à raison de ses ordonnances de natalité dans la guerre Russo-Polonaise. La France protesta, mais inutilement. Alors, sur la demande des 4 grandes Puissances alliées, et d'accord avec l'Allemagne, l'affaire fut portée devant la Cour Permanente de Justice. Celle-ci rendit son arrêt le 17 août 1923. Elle condamna la thèse allemande, à raison des dispositions du Traité de Versailles, le Wimbledon avait le droit de passer par le canal de Kiel.

L'arrêt fut rendu à la majorité : trois des juges MM. Anzilotti, Huber et Schücking, déclarèrent ne pouvoir admettre l'opinion qui avait prévalu, et qui était surtout fondée sur la nécessité de respecter les traités.

Quant aux trois avis, ils sont relatifs :

1º à la Carélie orientale ; 2º aux colons allemands en Pologne; 3º à l'acquisition de la nationalité polonaise.

Le différend touchant la Carélie orientale mettait en présence un Etat membre de la Société des Nations, la Finlande, et un Etat non membre, la Russie. Celle-ci déclina la compétence de la Cour par une dépêche du 11 juin. En conséquence, la Cour se déclara dans l'impossibilité d'exprimer un avis, puisque la Russie refusait de comparaître. MM. Weiss, Nyholm, Bustamante et Altamira estimaient au contraire que la Cour avait qualité pour émettre l'avis demandé.

Bustamante déclare (1) « qu'on peut ne pas être d'accord sur la décision de la Cour. Elle est l'organe consultatif de la Société des Nations, et, s'agissant d'un problème de droit international, on ne s'explique pas aisément qu'elle puisse refuser, de donner les avis qui lui sont demandés. »

L'avis nº 6 concerne les colons allemands en Pologne. Il s'agit d'expulsions faites par la Pologne tendant à dégermaniser les territoires antérieurement allemands et restitués à la Pologne par le Traité de Versailles. La Cour se prononça le 10 septembre 1923. Il s'agit d'une question de minorité et le Conseil de la Société des Nations est compétent. L'attitude de la Pologne n'est pas conforme à ses obligations internationales ; elle devait respecter les droits privés nés sur son sol. La Pologne a fini par indemniser lesdits colons.

L'avis nº 7 est relatif à l'acquisition de la nationaité polonaise. Le Traité des Minorités, signé à Versailles le 28 juin 1919 entre les principales Puissances alliées et la Pologne, contient, dans son article 4, la disposition suivante : « La Pologne reconnaît comme ressortissants polonais, de plein droit et sans aucune formalité, les personnes de nationalité allemande, autrichienne, hongroise ou russe qui sont nées sur le dit territoire de parents y étant domiciliés, encore

(1) BUSTAMANTE, *La Cour Permanente de Justice Internationale*, p. 269.

que, à la date de la mise en vigueur du présent Traité
elles n'y soient pas elles-mêmes domiciliées. En conséquence, le Gouvernement polonais se sent fondé à
dénier la nationalité polonaise à certains anciens
ressortissants allemands. Après diverses péripéties,
la Cour fut saisie pour avis. Elle répondit : 1° que le
Conseil était compétent dans la matière, et 2° qu'il
suffisait que les parents des dites personnes aient été
domiciliées en Pologne au moment de leur naissance ;
qu'il n'est pas nécessaire qu'elles l'aient en outre été
au moment de la signature du Traité des Minorités.
En 1925, l'affaire s'est réglée définitivement par un
arbitrage, à la satisfaction des deux parties.

Une session extraordinaire fut tenue du 12 novembre
au 6 décembre 1923. Son objet consiste exclusivement
à donner un avis dans l'affaire de Jaworzina. Il
s'agissait d'une très délicate question de frontière
entre la Pologne et la Tchécoslovaquie. L'avis de la
Cour ne nous paraît pas d'une netteté parfaite ; il
s'efforce de ménager les deux Puissances en conflit.
Voici l'appréciation qu'en porte Bustamante (1) :
« Cette consultation qui est une des plus longuement
rédigées jusqu'ici par la Cour se réfère principalement
à des questions de fait et à leur appréciation au point
de vue des résultats juridiques. Il ne faut pas s'étonner
par exemple, de sa pauvreté remarquable quant aux

(1) Bustamante, *La Cour Permanente de Justice Internationale*, p. 275.

considérations juridiques d'intérêt commun pour la vie internationale. »

Dans une troisième session ordinaire (16 juin 1924-4 septembre 1924) la Cour rendit deux arrêts : Le premier arrêt sur l'affaire de concessions Mavrommatis mais seulement en ce qui touche la compétence. Il s'agissait d'un grec qui avait obtenu ou paru obtenir des concessions du Gouvernement turc en Palestine et qui avait, prétendait-il, subi un préjudice du fait que, plus tard le Gouvernement britannique avait accordé des concessions analogues à un autre. Le Gouvernement hellénique soutenait son national et des indemnités étaient demandées au Gouvernement anglais.Ce dernier souleva l'exception d'incompétence ; mais la Cour la rejeta à la suite d'une argumentation extrêmement complexe et délicate. Cinq des juges se prononcèrent contre la compétence, c'est-à-dire dans le sens de la Grande-Bretagne. Nous aurons à revenir sur cette affaire qui a été depuis jugée au fond par la Cour.

Le second arrêt est relatif à l'interprétation du § 4 de l'annexe suivant l'article 179 du Traité de Neuilly.

Ce paragraphe prévoit que les biens, droits et intérêts des ressortissants bulgares dans le territoire d'une puissance alliée ou associée, pourront être grevés par cette Puissance du paiement des réparations pour des actes commis par le Gouvernement bulgare ou par toute autorité bulgare postérieurement au 15 octobre 1915 et avant que cette Puissance ne participât à la guerre. Le texte ajoute que le montant de ces sortes de réclamations pourra être fixé par un arbitre, désigné par M. Gustave Ador.

Des difficultés se produisirent pour savoir si les dommages commis aux personnes et en dehors du territoire bulgare étaient visés. L'affaire fut différée à la Cour, siégeant en Chambre de procédure sommaire (MM. Loder, Weiss et Huber). La Cour décida que sont autorisées les réclamations pour actes commis hors du territoire bulgare et pour dommages causés aux personnes ; mais que les indemnités dûes de ce chef rentrent dans le cadre des réparations en partant, dans la somme globale qui y est prévue, la condamna aussi par un avis sur l'affaire dite du Monastère de Saint-Maoum. Elle estime que la question est réglée par des décisions antérieures (décision des Ambassadeurs du 6 décembre 1922) attribuant le Monastère à l'Albanie.

Du 12 janvier 1925 au 26 mars 1925 se tint une session extraordinaire. La Cour y rendit deux arrêts et donna un avis.

Le premier arrêt a pour objet d'interpréter la décision ci-dessus analysée. Il fut rendu par les mêmes juges et par procédure sommaire. Toutes les demandes de la Grèce furent rejetées, la Cour estimant qu'une interprétation de l'arrêt du 12 septembre 1924 ne peut dépasser le cadre de cet arrêt même, lequel est tracé par le compromis. Elle estime que, sous couleur d'une demande d'interprétation, la Grèce a produit des demandes nouvelles.

Le deuxième arrêt est relatif aux concessions Mavrommatis, mais cette fois pour le fond. C'est la Cour elle-même qui ajoute l'affaire à son rôle, l'ayant retenue dans son arrêt sur la compétence.

La Cour déclare valables les concessions dites Mavromatis à Jérusalem, et décide que le droit pour M. Rotemberg (nouveau concessionnaire) d'en demander l'annulation, n'était pas conforme aux obligations internationales, contractées par le mandataire en Palestine, déboute le Gouvernement hellénique de sa demande en indemnité, aucun préjudice au détriment de M. Mavromatis ne pouvant être prouvé, et décide enfin que celui-ci peut demander la réadaptation des dites concessions.

Quant à l'avis consultatif, il porte sur l'échange des populations grecques et turques prévu par une convention signée à Lausanne le 30 juin 1923. Des difficultés se produisirent entre les délégations hellénique et turque à propos de l'article 2 de la Convention, ainsi libellé : « Ne seront pas compris dans l'échange prévu à l'article 1er :

A. Les habitants grecs de Constantinople.

B. Les habitants musulmans de la Carélie occidentale. »

Le rôle de la huitième session (Session ordinaire) comportait une requête pour avis, relative à l'expulsion du Patriarche œcuménique. La dite requête fut retirée par le Conseil le 12 juin 1925. Les deux Gouvernements en conflit désirant s'entendre à l'amiable, le Gouvernement d'Angora avait d'ailleurs décliné la compétence de la Cour (16 mai 1925).

A la même session, la Cour rendit un arrêt de compétence sur un différend qui divisait l'Allemagne et la Pologne. Le samedi 16 mai 1925, le Ministre d'Allemagne à la Haye déposa, devant la Cour Permanente de Justice Internationale, une requête introduisant au nom du Gouvernement allemand, une instance contre le Gouvernement polonais dans une affaire relative à certains intérêts allemands en Haute-Silésie Polonaise. Il s'agissait de certaines expropriations d'entreprises appartenant à la grande industrie ou à la grande propriété, gisements, etc.

L'Allemagne prétendait, soit qu'elles étaient illégales, soit qu'elles étaient irrégulières en la forme.

La Pologne souleva l'exception d'incompétence. La Cour Permanente se réunit en séance publique le 25 août 1925. Etaient présents : MM. Huber (Président), Loder (ancien Président) Weiss (Vice-Président Lord Finlay, MM. Nyholm, de Bustamante, Altamira, Oda, Anzilotti, Pessoa et Wang (Juges) ; Comte Rostworowski et M. Rabel (juges nationaux).

Elle se déclara compétente tant dans l'affaire des

usines que dans celle des grands domaines ruraux.

Ce jugement de compétence ne préjuge en rien la solution qui interviendra au fond. Le juge Polonais émit un avis contraire à la compétence.

Ainsi se termina la huitième session ordinaire.

Le 25 août, le chargé d'affaires allemand à La Haye a demandé la jonction de nouvelles affaires de même ordre que celles qu'il avait déjà soulevées le 15 mai.

Le 19 septembre 1925, le Conseil de la Société des Nations résolut de poser à la Cour Permanente de Justice Internationale les questions suivantes :

1º Quelle est la nature de la décision à prendre par le Conseil en vertu de l'article 3 § 2 du Traité de Lausanne (sentence arbitrale, recommandation ou simple médiation).

2º La décision doit-elle être prise à l'unanimité ou peut-elle être prise à la majorité ?

Les représentants des parties intéressées peuvent-ils prendre part au vote ?

En conséquence la Cour Permanente a du tenir une session extraordinaire, et après un sérieux examen des textes et une discussion approfondie, elle a rendu l'avis suivant (21 novembre 1925) : la Cour est d'avis que « la décision à prendre » par le Conseil de la Société des Nations en vertu de l'article 3 § 2 du Traité de Lausanne sera obligatoire pour les parties et constituera une détermination définitive de la frontière entre la Turquie et l'Irak.

3º Que la décision à prendre devra être prise à l'unanimité des voix, les représentants des parties prenant part au vote, mais leurs voix ne comptent pas dans le calcul de l'unanimité.

La première partie de l'avis s'appuie sur l'article 3 § 2 du Traité de Lausanne lequel prévoit qu'à défaut d'accord entre les Gouvernements britannique et turc sur la détermination de la frontière entre la Turquie et l'Irak, « le litige sera porté devant le Conseil de la Société des Nations ; en attendant la décision à prendre le « statu quo » des territoires dont le sort définitif dépendra de cette décision sera maintenu. » La Cour estime que cet article est clair et qu'il se suffit ; elle n'attribue donc qu'une importance relative aux travaux préparatoires ou aux faits postérieurs. Cependant il lui semble qu'ils confirment plutôt l'interprétation ci-dessus donnée du texte.

Il est vrai qu'en principe les recommandations du Conseil sont sans force obligatoire ; mais il peut en être décidé autrement par des traités, par exemple, et c'est le cas.

Quant à la question de savoir dans quelles conditions la décision du Conseil pourra être prise, la Cour estime que l'unanimité est nécessaire, à raison de la nature même du Conseil. Mais les votes des représentants des parties ne doivent pas être comptés ; si non ce ne serait plus un droit de vote, mais un droit de veto.

En définitive, depuis sa création, la Cour Permanente de Justice a tenu : 1º une session préliminaire, 2º 4 sessions ordinaires, 3º 5 sessions extraordinaires. Elle a rendu 6 arrêts, dont plusieurs de compétence. Enfin elle a donné 12 avis consultatifs, le dernier sur l'affaire de Mossoul.

Bustamante fait un vif éloge de la Cour. (1) « Jusqu'ici, écrit-il, elle parait marcher de succès en succès et les principales nations du monde, après l'avoir vue siéger, continuent d'avoir en elle la confiance. »

Il est indéniable que la Cour Permanente a fait preuve d'un grand souci d'équité. Elle sent qu'elle est encore assez peu assise et s'efforce de justifier son existence du mieux qu'il est possible. Diverses observations s'imposent :

1º Son rôle, en ce qui concerne les instances proprement dites, a été jusqu'ici bien peu chargé : 6 arrêts depuis son institution définitive jusqu'à ce jour ; c'est-à-dire du 15 février 1922 au 15 janvier 1926, soit en 4 années. Et encore, plusieurs de ces arrêts ne portent que sur des questions de compétence modeste. (*Il n'en est guère, peut-être, qui présente un intérêt vraiment considérable*). Dans le monde, il y a

(1) Bustamante, *La Cour Permanente de Justice Internationale,* p. 283.

peu de Cours dont le rôle d'audience soit si peu chargé.

2º Ces arrêts sont très habilement motivés. La Cour expose objectivement les divers aspects des questions qui lui sont soumises, discute les arguments produits des deux côtés de la barre, et s'efforce de convaincre même les plaideurs à qui elle est aux regrets de donner tort. On ne trouve pas dans les motifs des considérants la raideur un peu tranchante si en honneur dans beaucoup de tribunaux par exemple en France. La Cour parait s'inspirer, à cet égard, des pratiques suivies aux États-Unis, particulièrement à la Cour Suprême. Ce souci d'essayer de faire admettre ses décisions, de bon gré, même par les parties perdantes, nous parait fort louable, d'autant qu'il s'agit ici de Puissances souveraines ou quasi-souveraines.

3º Le dispositif même des arrêts s'appuie moins sur des principes que sur des circonstances de textes ou de faits. Il n'est pas dogmatique, mais inspiré de l'équité et des nécessités de l'heure.

Bref, il parait parfois rédigé plutôt par des diplomates que par des juristes sévères. Mais cette tendance n'est pas pour déplaire à la mentalité américaine plus éprise de solutions pratiques et équitables que de solutions absolument rigides.

En définitive, tous les arrêts rendus par la Cour pourraient, croyons-nous, être signés par toute personne de bonne foi, sans parti pris, et dégagée de toute doctrine préconçue, et ce n'est pas un médiocre mérite.

Pour ce qui est des avis consultatifs, ils nous paraissent également fort bien rendus. Peut-être même sont-ils supérieurs aux arrêts. Et cela tient sans doute à la composition de la Cour qui compte plus de professeurs et de savants que de juges de carrière. En France, même, les avis du Conseil d'État ont souvent fait autorité davantage encore que ses arrêts. Et c'est semble-t-il, également le cas pour la Cour Permanente de Justice. Peu à peu, ces avis deviendront une source importante du droit international et y apporteront un élément de certitude et de généralité qui lui fait souvent défaut aujourd'hui.

En définitive, l'œuvre de la Cour Permanente de Justice, bien que, encore à ses débuts, est déjà digne de respect et de gratitude. Peu à peu les États prendront l'habitude de se tourner vers elle dans leurs difficultés, et tenant compte que ces difficultés peuvent aboutir à la pire des catastrophes, la guerre, ils admettront de bon cœur les solutions qu'elle offrira, même si, par quelque côté, elles ne les satisfont pas pleinement.

# TROISIÈME PARTIE

---

## CHAPITRE I

L'adhésion des États-Unis a la Cour permanente de justice internationale et l'opinion publique

Dans tout pays démocratique, il est nécessaire de faire une place — et même la première — à l'opinion publique. C'est elle, en définitive, qui détermine la politique tant intérieure qu'extérieure d'une nation. Sans doute, Président, Ministres, Sénateurs et Députés essayent bien de l'influencer et de la diriger ; mais il est des courants qui sont trop forts pour pouvoir être arrêtés. Tout au plus, les sphères officielles peuvent-elles les endiguer quelque temps ; il arrive un moment où ils entraînent tout. C'est ce qui est arrivé aux États-Unis, en ce qui concerne la Cour mondiale comme nous allons le voir. La pression de l'opinion publique a fini par emporter les résistances du Sénat.

Aux États-Unis, l'opinion publique a peut-être plus de force encore qu'en France, car elle est plus remuée par la presse, par les églises, par les chefs de la pensée et par des organisations de toute sorte. C'est le premier des Pouvoirs, et en Amérique plus encore qu'ici. L'on peut tenir pour vraie la boutade souvent citée : « Il faut bien que je les suive puisque je suis leur chef. »

La proposition Harding-Hughes du 24 février 1923 s'inspirait de l'état de l'opinion et résultait dans un développement rapide. Elle fut, en général, très bien accueillie. Voici quelques citations de journaux significatives à cet égard : « Il reste encore 7 jours au Congrès (le 67e). C'est plus qu'il n'en faut pour régler la question. Quand le marteau marquera la clôture du 67e Congrès ; dimanche prochain, le Sénat devra avoir trouvé le chemin qui mène les États-Unis à la Cour Permanente de Justice (1) ».

« La proposition du Président tendant à l'adhésion des Etats-Unis à la Cour Permanente de Justice devrait recevoir de la part du Sénat une prompte approbation. Elle n'entraîne pas la nation dans une voie différente de celle dans laquelle elle a jusqu'ici marché. » (2)

(1) Philadelphia Public Ledger, 25 février 1923.
(2) Indianapolis Star, même date.

« La Cour telle qu'elle est répond à l'idéal américain. C'est une création américaine.... Pourquoi donc hésiterions-nous à en faire partie ? Serait-ce parce qu'elle est soutenue par la Société des Nations ? (1) »

« La motion du Président Harding pour faire figurer les États-Unis sur la liste des Membres de la Cour est excellente, mais étonnamment timide. (2) »

« Pour ce qui en est, la proposition Harding est juste et sage. (3) »

Le 1er mars, le Conseil Exécutif de la League of Nations Non-Partisan Association envoya un télégramme au Sénateur Lodge, Chairman au Comité des Affaires étrangères du Sénat, lui demandant de faire le nécessaire pour que la proposition Harding arrive à bonne fin avant la fin du présent Congrès, c'est-à-dire le 4 mars au plus tard.

Le dimanche 11 mars, Harry Emerson Fosdick, pasteur protestant fort connu à New-York, dans un sermon à la First Presbyterian Church s'exprima ainsi : « Le problème le plus important aujourd'hui c'est celui de la substitution de procédés de règlements pacifiques à la guerre.... » Et ayant fait un exposé navrant de la situation mondiale, il ajoutait : « Il y a cependant de l'espoir si les hommes éclairés de la

(1) Saint Louis Globe-Democrat, même date.
(2) New Orléans Times Picayune même date.
(3) New-York World, même date.

nation cherchent à persuader le Sénat qu'une cour mondiale essayant de mettre de l'ordre à la place du chaos n'est pas seulement une institution à laquelle nous pouvons adhérer, mais une institution en dehors de laquelle nous ne pouvons demeurer sans honte. »

Pour bien faire connaître l'état de l'opinion publique américaine, nous nous sommes efforcés d'exposer le sentiment des personnalités les plus représentatives et des groupements les plus nombreux et les plus influents.

C'est tout d'abord M. Bryan, orateur réputé et pacifiste connu qui déclare dans un discours à York (Pennsylvanie) le 18 août 1923 : « Je suis pour la proposition Harding telle qu'il la présente. »

C'est ensuite le Dr Butler, Président de l'Université de Colombia, qui, en recommandant la candidature de M. Coolidge à la Présidence, devant le New-York Républican County Committee le 18 janvier 1924, rappela que 6 conventions républicaines s'étaient prononcées pour le principe d'une Cour mondiale et ajouta : « Les réserves proposées par les Présidents empêchent que nous nous obligions à faire partie de la Société des Nations et à subir son autorité politique. Si les autres nations désirent utiliser le mécanisme de la Société des Nations pour le choix des Juges, cela ne nous regarde pas, pourvu que nous aussi participions à ce choix et aidions à vivre une Cour qui n'est pas plus sous la dépendance de la Société des Nations que ne l'est la Cour Suprême sous la dépendance du Congrès qui vote les sommes nécessaires à son existence ou sous celle du Président qui en nomme les Membres. Combattre cette politique d'adhésion sous prétexte qu'elle entraîne l'acceptation de la Société des Nations, c'est faire fausse route ».

Même attitude du Dr Lowell, Président de l'Université de Harvard, dans un discours prononcé devant le Comité exécutif de la Non-Partisan Association à Boston, le 6 avril 1923. Il affirmait que les États-Unis étaient las de leur isolement et désiraient coopérer aux affaires mondiales. Il ajoutait que le monde souffrait de deux maux essentiels : manque de confiance spirituelle et excès d'émotivité devant les grandes questions qui devraient être examinées avec calme et pondération. « Notre peuple a toujours aspiré à un tribunal du genre de la Cour Permanente. Mais nous venons de découvrir qu'une Cour Internationale est un corps auquel participent d'autres nations et conséquemment incompatible avec notre politique d'isolement. Il en est qui s'opposent à notre idée d'un Tribunal parce qu'enfin le reste du monde consent à se joindre à nous. Notre objectif le plus proche doit être l'adhésion à la Cour Permanente et nous devons faire tous nos efforts pour que le Sénat l'accepte. »

James Cox, candidat démocrate à la Présidence en 1920, salua avec joie la nouvelle que l'administration républicaine se prononçait pour l'adhésion. « Voilà, déclara-t-il, la fin de l'isolement américain. »

Au mois d'avril 1923, l'ex-Président Wilson écrivit la lettre suivante au Représentant Arthur B. Rouse, du Kentucky, Chairman du Democratic Congressinal Campaign Comittee : « Répondant à votre lettre du 29 mars, je puis dire que j'approuve non pas l'adhésion sous condition, mais l'adhésion sans conditions, des États-Unis à la Cour mondiale instituée sous les auspices de la Société des Nations encore que j'estime qu'il serait plus digne de la réputation de courage et de sincérité des États-Unis de devenir membres de la Société des Nations et d'accepter toutes les responsabilités du Pacte. »

A la même date, (11 avril 1923) M. Hoover, Secrétaire de Commerce, dans un discours à Des Moines, Yowa, rappela tous les efforts de l'Amérique en faveur des solutions pacifiques des litiges internationaux et s'attaquant à l'objection essentielle des opposants, déclara que les liens entre la Société des Nations et la Cour n'étaient pas bien serrés et que les réserves Harding-Hughes étaient suffisantes pour écarter tout danger.

« Nous ne sommes pas obligés de soumettre une question à la Cour, à moins que nous ne la désirions au moment même où elle se produit. Nulle nation ne peut nous forcer à comparaître sans que nous ne e voulions. La Cour elle-même ne peut nous appeler.... Nous promettons de payer une partie des frais de la Cour, soit quelque $ 40.000 par an, et de participer avec 48 autres nations à l'élection des juges.

« Pour quelques personnes, la Société des Nations est une telle abomination que ses bonnes actions même sont tenues pour mauvaises. C'est une sorte de phobie qui atteint des milliers et peut-être des centaines de milliers de personnes et qui n'est pas justifiée.

« Pour d'autres, comme M. Borah, la Cour telle qu'elle est n'est pas suffisante ; il faudrait une Cour qui soit capable de « juguler » la guerre. C'est là un idéal désirable, mais actuellement impossible..... N'allons pas trop vite.... M. Borah et ses amis se seraient sans doute plaints le mercredi soir du peu de travail fait par le Créateur. Ils eussent tenu un meeting le jeudi, pour demander à Dieu de se montrer moins lent.... Il est bon d'avoir la tête vers le ciel ; mais il est bon aussi que les pieds adhèrent au sol.... »

M. Elihu Root, dans un discours devant la Société américaine de Droit International, émit aussi l'idée que l'opposition à l'adhésion des États-Unis à la Cour ne reposait pas sur des raisons sérieuses et il indique l'attitude que les États-Unis devraient prendre : « Nous ne devons pas nous permettre l'attitude d'hommes qui font un marché — et qui essayent, tant d'un côté que de l'autre, d'obtenir le plus et de donner le moins. Il y a certes des intérêts particuliers aux diverses nations que leurs gouvernements doivent défendre ; mais il y a aussi des intérêts communs aux diverses nations que toutes doivent prendre en considération. Il y a une interdépendance entre les peuples civilisés dont il faut tenir compte. » (1)

Quant à la Cour Permanente de Justice, voici l'appréciation de M. Root : Cette Cour est l'institution la plus récente créée par l'opinion publique du monde civilisé contre la guerre.... C'est une institution indispensable et essentielle. Et la proposition que les États-Unis participent au soutien de cette Cour devrait être accueillie par tous ceux qui parlent d'abolir la guerre, mais qui jusqu'ici n'ont pas trouvé le moyen de le faire.... Il ne faut pas nous décourager si nous ne pouvons pas avoir de suite tout ce que nous désirons. Il nous faut être patients si nous voulons agir sagement. Nos actes d'aujourd'hui porteront leurs fruits après notre mort, car une bonne œuvre n'est jamais perdue ; la chose importante est de prendre la bonne direction. Nous ne devons pas apprécier les choses au regard de la vie presque indéfinie des nations. » M. Root ajoute

(1) Voir la revue « Foreign Affairs », avril 1925.

que le progrès ne résulte pas tant du développement de l'intelligence que de la transformation du
caractère et de la nature même ; il est donc forcé-
ment très lent.

En acceptant la Vice-Présidence des Etats-Unis,
dans un discours prononcé à Evanston, Illinois, le
19 août 1924, le Général Charles Dawes parla de
l'adhésion des Etats-Unis à la Cour : La souveraineté
et les intérêts des Etats-Unis, dit-il, sont sauvegardés
dans les propositions du Président Coolidge. De ce
que nous aiderons à maintenir la Cour Permanente,
il ne s'ensuit pas que nous soyons obligés de venir y
plaider ; nous n'y viendrons que si nous le désirons.
Il va de notre intérêt et de l'intérêt du monde d'avoir
une Cour disponible pour le cas où deux pays en
conflit veulent y avoir recours. Ne laissons pas obs-
curcir la question par la fumée et les nuages sous
lesquels des politiciens veulent l'étouffer.

M. Edward A. Filene, notable commerçant de
Boston, se déclara pour l'adoption des propositions
Harding-Hughes dans un discours prononcé dans cette
ville en décembre 1923, et il suggère même que les
Etats-Unis devraient coopérer au blocus économique
de tout Etat qui s'engagerait dans une guerre, sans
avoir d'abord soumis la difficulté à. la Cour Permanente.

M^me Carrie Chapman Catt, Présidente de la League
of Women Voters, dans un discours transmis par

T. S. F. le 26 août 1923, demandait à tous de faire pression sur les sénateurs pour qu'ils votent l'adhésion. Et elle ajoutait, « J'approuve l'adhésion pour six raisons principales » :

1º Toutes les forces dirigeantes du pays, et notamment le National Bar Association, sont pour la Cour ; il n'y a pas d'apparence qu'elles se trompent.

2º La Cour Permanente n'est guère qu'un reflet de la Cour Suprême des Etats-Unis qui a fait ses preuves comme facteur de paix.

3º C'est une création d'origine américaine. Une Cour mondiale a été l'espoir de nos Présidents et de nos Partis depuis 25 ans. Pour 48 nations, elle est un fait accompli. Pourquoi n'en faisons-nous pas partie ?, Pour l'unique raison qu'elle a été finalement instituée par la Société des Nations au lieu des Etats-Unis.Avez-vous jamais connu homme ou femme, garçon ou fille, ayant mis quelque chose en train, se retirer en boudant lorsqu'un autre lui enlève la direction ?

4º Notre nation peut sans doute, sans adhérer, utiliser, si elle le désire, les services de la Cour. Mais il y a quelque chose d'humiliant pour la nation la plus riche du monde à bénéficier d'un tel avantage. Je ne suis pas d'avis que l'on fasse la charité à des mendiants riches.

5º Que craint-on ? Que la Cour rende des arrêts erronés ? Ce n'est pas probable, étant donnée sa composition. Mais quand bien même, ce ne serait qu'un léger mal auprès des services qu'elle est appelée à rendre. C'est la voie de la paix.

6° En adhérant, l'Amérique donnera au monde l'impression qu'elle souhaite sincèrement le règlement pacifique des litiges internationaux.

En mai 1923 le Général Tasker H. Bliss, ancien chef d'Etat-major général, membre du Conseil suprême des Alliés pendant la guerre et de la Commission de la Paix, et le Contre-amiral William Ledyard Rodgers, engagèrent une polémique qui fut rendue publique par T. S. F., le premier se faisant l'avocat de la paix « par la coopération », le second de la paix « par le droit armé ». Le général était partisan de l'adhésion des Etats-Unis à la Cour et l'amiral ne l'était pas. M. Rodgers disait : « Adhérer à la Société des Nations et à une Cour mondiale à compétence obligatoire serait sacrifier notre indépendance, car nous ne pouvons espérer que ces institutions internationales soient exemptes de buts politiques ». Il est regrettable qu'une si haute autorité de notre marine n'ait pas étudié le problème de plus près. Il n'est pas question de faire partie de la Société des Nations, mais seulement à la Cour et encore avec des réserves. De plus, en principe, la juridiction de la Cour n'est pas obligatoire ; elle le devient seulement pour les Etats qui le veulent et aux conditions qu'ils y mettent. Comment croire que l'adhésion à la Cour entraîne la suppression de l'indépendance d'un pays quand 48 Etats adhèrent déjà et que ces Etats sont parmi les plus vieux et les plus susceptibles. L'opinion publique mal éclairée brode sur ces thèmes inexacts et en arrive à bâtir des mythes lui représentant les « American boys » livrant des combats inutiles et trouvant la mort sur les champs de bataille lointains, en terre étrangère, à cause de l'article 10 du Pacte ».

Le Professeur Jesse S. Reeves, Chef du Département des Sciences Politiques à l'Université de Michigan, dans une Conférence à l'Institute of Politics à Williamstown (Massachusetts) combattit l'idée émise par le Sénateur Borah, à savoir que le droit international devrait d'abord être codifié avant l'institution d'une Cour mondiale : « Pendant sept siècles les Cours de Justice anglaises et américaines ont exercé leurs fonctions judiciaires, sans avoir jamais à leur disposition des codes analogues, soit à ceux de Justinien, soit à ceux de Napoléon. »

Nous pourrions citer bien d'autres noms illustres de partisans de l'adhésion ; mais la revue sommaire que nous venons de passer est suffisante pour montrer que, dans les sphères les plus diverses et les plus compétentes, la politique de l'adhésion a de fermes soutiens. Mais ce ne sont pas seulement des individualités qui se prononcent pour la Cour, ce sont de puissantes associations et avant tout les Eglises dont l'influence est si grande aux Etats-Unis. On sait assez bien que l'Eglise catholique est le type même d'un groupement hiérarchisé et centralisé, puisque toutes ses directives essentielles émanent du Vatican. Mais on s'imagine communément que les Eglises protestantes sont très *divisées* et que par suite leurs moyens d'adhésion se trouvent diminués. Certes, du point de vue dogmatique, elles ne forment pas un bloc compact; mais sur beaucoup de points, et notamment en ce qui touche l'adhésion des Etats-Unis à la Cour, elles ont toutes les mêmes tendances et la même politique.

Aux Etats-Unis il existe un Federal Council of the Churches of Christ in América (1) qui groupent un

(1)                 Constituant Bodies of the

Federal council of the churches of christ in america
(incorrorated)

| | |
|---|---|
| Baptist churches, north | Moravian rhucch |
| National Baptist convention | presbyterian church in |
| Free baptist Churches | U.S.A. |
| Christian church | Presbyterian chruch in the U. S. |
| Christian reformed chruch in | (south) |
| North america | primitive methodist church |
| Churches of god in north america | protestant episcopal commission |
| (Ceneral Eldership) | On christian unity and departe- |
| Congregational Churches | ment of Christian social |
| Disciples of Christ | Service |
| Friends | Reformed church in america |
| Evangelical curch | Reformed church in the U.S. |
| Evangelical synod of north | |
| america | Reformed episcopal church |
| Methodist episcopal church | Seventh day baptist chruches |
| Methodist episcopal church, south | United presbyterian church |
| African M. E. | United brethren church |
| African M.E. zion church | United lutheran chruch |
| Colorad M.E. chruch in america | (Consultative Body) |
| Methodist protestant church | |

grand nombre d'Eglises. Ce Fédéral Council a fait toute une campagne en faveur de l'adhésion. Voici, sommairement, ce que l'on peut lire dans l'un de ses bulletins : Il paraît tout d'abord indéniable que, dans son immense majorité, l'opinion en Amérique est en faveur de l'adhésion à la Cour. Par exemple les Chambres de Commerce des Etats-Unis sont unanimes, le Barreau, en majorité, est pour la proposition Harding, de même de l'Américan Legion, de la General Federation of Women's Clubs, de la Ligue nationale pour le vote des Femmes, etc., etc... Il y a certes quelques « irréconciliables » et notamment dans le Comité des Affaires Etrangères du Sénat. Ce sont des opposants systématiques. Le moment est venu où chaque membre du Sénat doit être informé, sans discussion possible, de la façon de penser de ses mandants ; cela doit se faire par lettres, télégrammes et pétitions. Et voici ce que propose le Fédéral Council : — il est nécessaire :

1° Que les églises et les autres organisations mettent spécialement à l'étude la question de la Cour mondiale ou qu'elles provoquent des conférences sur ce sujet.

2° Que les autres groupements des Etats-Unis (Chambres de Commerce, organisations ouvrières, etc., se joignent aux églises pour faire de la propagande, les églises n'ayant pas le monopole de l'action ni de l'intérêt dans l'établissement de la Paix du monde ;

3º Qu'un certain nombre de meetings en masse soient tenus sous les auspices des organisations des affaires du travail et des églises ;

4º Que les pasteurs prêchent, matin ou soir, sur les devoirs internationaux des Etats-Unis et sur la Cour Permanente de Justice dont la mission est de substituer le droit à la force. Ils pourront prendre, par exemple, comme thème, la parole évangélique : « Que notre règne arrive. »

5º Que les directeurs des Ecoles du Dimanche fassent une causerie de dix minutes sur la Cour et son but.

6º Qu'une pétition monstre, signée par des membres du clergé seulement, soit présentée au Congrès.

Le Fédéral Council préconise encore des chants spéciaux, des conférences faites par des femmes, et par des jeunes gens, des pétitions dont aucune ne porte plus de 50 noms, mais en nombre considérable.

Et non seulement les pasteurs et les chefs doivent faire de la propagande en faveur de l'adhésion des Etats-Unis à la Cour ; mais les individus eux-mêmes ont un rôle important à jouer. Ils doivent :

1º Ecrire immédiatement au Président et, dans chaque Etat, aux deux sénateurs.

2º Encourager la formation de Comités représentant les Eglises et autres organisations et qui enverront des délégations aux sénateurs, soit chez eux, soit à Washington.

3º Faire des lettres courtes et qui aillent droit au

but, disant la pensée des signataires, sur les questions suivantes :

1º Les Etats-Unis doivent-ils adhérer à la Cour Permanente de Justice actuelle ?

2º La proposition Harding-Hughes du 24 février 1923 doit-elle être adoptée sans modification ?

3º Les Etats-Unis doivent-ils adopter la clause d'arbitrage obligatoire et si oui, sous quelles conditions ?

4º La Commission des Affaires Etrangères du Séant doit-elle déposer d'urgence devant le Sénat son rapport sur la proposition Harding ?

Le Fédéral Council observe qu'un million de lettres individuelles aura bien plus de portée qu'une pétition signée d'un million de noms ou que mille pétitions signées chacune de mille noms.

Elle recommande aussi d'écrire aux journaux et de leur adresser des copies de tous les discours et sermons prononcés en faveur de la Cour. Aussi il sollicite les prières des fidèles pour que l'esprit de Dieu guide les membres du Congrès.

Le Fédéral Council a édité plusieurs brochures : l'une sur l'organisation et le rôle de la Cour, ses avantages, etc., une autre groupant les diverses résolutions votées par les groupements éclésiastiques et autres (1). La brochure se termine par plus de

---

(1) Ces groupements sont quasi-innombrables et il serait fastidieux de les citer ici.

1000 signatures de pasteurs et de laïques éminents des Eglises protestantes.

On voit combien le rôle du Fédéral Council a été actif dans la question qui nous préoccupe. Ce qui frappera peut-être en France, c'est que ce groupement religieux donne une telle place à un problème qui apparait comme d'ordre politique et qu'en plus il se serve de procédés de propagande tout à fait modernes et qui n'ont rien d'évangélique. Mais en Amérique, on estime que le problème de la lutte contre la guerre est essentiellement religieux , la vie étant le plus précieux des biens et Dieu ne l'ayant pas donné à l'homme pour qu'il la perde sur les champs de bataille. Nous permettra-t-on de dire que cette conception a des bases sérieuses dans la tradition et que les Pères de l'église et les Canonistes ont jadis consacré une bonne part de leurs efforts et de leurs travaux à la lutte contre la guerre ? D'autre part les Eglises doivent vivre avec leurs temps et se servir des moyens de propagande les mieux aptes à agir sur les contemporains. On n'est donc pas choqué aux Etats-Unis de voir le Fédéral Council rompre des lances en faveur de l'adhésion et se lancer dans la mélée.

Nous devons encore signaler qu'une autre organisation religieuse, la Church Peace Union, a également fait une campagne énergique en faveur de l'adhésion. Fondée par M. Andrew Carnegie et subventionnée par lui fort largement (plus d'un million de dollars) ses trustees comptent des leaders éminents du catholicisme, du protestantisme et du judaïsme. Dans un meeting tenu au siège social, 70 Fifth Avenue, New-York, les trustees promirent leur aide au Président pour le succès de sa proposition et invitèrent tous leurs membres et toutes les forces chrétiennes à venir pour faire triompher, en adhérant à la Cour, le règne du droit sur celui de la force.

En résumé donc, les Eglises protestantes ont fait une campagne énergique et tout à fait moderne en faveur de l'adhésion. Par contre l'Eglise catholique américaine paraît s'être confinée dans une extrême réserve et avoir de Conrart imité le silence prudent.

L'église catholique compte aux Etats-Unis plus de fidèles qu'aucune des sectes protestantes. Elle est donc susceptible de disposer d'une grande influence. Ne trouvant pas de document officiel sur la position prise par les Eglises catholiques dans la question de l'adhésion, nous avons écrit au R. P. John A. Ryan de Washington qui nous a répondu en nous adressant un article qu'il avait fait paraître dans le « Salesianna. (1) »

En voici le titre et les grandes lignes :

« Les Catholiques américains et la Paix mondiale ».

« Depuis 4 ans, je fais partie de la direction du

_______

(1) Vol XX, n° 2.

National Council for the Prevention of War. Pendant ce temps, la direction n'a compté qu'un seul autre catholique parmi ses membres. Depuis la démission de celui-ci, je suis le seul catholique. Tout dernièrement cependant un autre catholique a été choisi pour Vice-Chairman. Parmi les 37 organisations affiliées, il ne s'en trouve pas une du culte catholique. On pourrait supposer que l'on désire évincer les catholiques ; il n'en est rien ; tout au contraire, ce sont les organisations catholiques et les catholiques qui se désintéressent.

« De toute société travaillant à la paix internationale, les catholiques sont absents ou presque. Il faut ajouter qu'ils n'ont pas davantage d'organisation spéciale dans ce but. Nous ne connaissons pas une seule organisation catholique aux Etats-Unis qui fasse quoi que ce soit pour empêcher la guerre. Se peut-il que nous craignions que l'on mette en doute notre patriotisme si nous nous joignons au mouvement pour l'établissement de la Paix ou que nous redoutions de nous jeter dans des complications ? Nous manquons trop de courage nécessaire pour soutenir des causes peut-être impopulaires, mais qui s'inspirent de l'idée de justice....

« Cette attitude de l'Eglise catholique d'Amérique est d'autant plus étrange, dit le R. P. Ryan, que les Papes Benoit XV et Pie XI ont été parmi les protagonistes les plus résolus du mouvement vers la paix.

L'aspect politique du problème a semblé être pour les catholiques d'Amérique une raison suffisante de s'abstenir. La Société des Nations est une question politique ; la Cour de justice et l'adhésion des Etats-Unis sont des questions politiques. C'est assez pour que les catholiques et leurs organisations se tiennent sur la réserve. L'excuse ne tient pas debout.... Sans l'organisation des forces de la paix, un prochain retour de la guerre est inévitable. »

Le P. Ryan apprécie, comme on le voit, très sévèrement l'attitude de l'Eglise catholique en Amérique. Il désirerait qu'elle entre dans la mêlée. En France même, il nous a semblé que, sauf exceptions, les forces catholiques ne soutenaient que modérément les organismes de Genève et de la Haye. Peut-être est-ce qu'elles ne croient pas à leur efficacité et qu'elles craignent de créer des illusions qui seraient suivies de durs réveils. Il y a deux questions en effet à distinguer : le but à atteindre qui est la suppression ou du moins la « raréfaction » de la guerre, (à cet égard, l'Eglise catholique romaine a des titres sans pareils et, cela depuis ses origines), et les moyens pour y parvenir. Et à ce point de vue, elle reste dans la réserve. Humainement, c'est peut-être sage ; mais les Eglises ne puisent-elles pas une partie de leur force dans un idéalisme poussé parfois jusqu'à la folie, nous voulons dire jusqu'à un degré qui passe la moyenne ?

Les organisations religieuses des Etats-Unis ont

donc pris nettement parti pour l'adhésion des Etats-Unis ; elles ont été suivies par un grand nombre d'autres et notamment par l'immense majorité des ligues féminines.

Depuis que les femmes ont obtenu le droit de vote, leurs organisations se sont développées et ont acquis une influence plus grande, puisque les Membres des Assemblées politiques doivent compter avec elles pour leur réélection. La plus importante de ces organisations est la League of Women Voters qui a des sections locale, nationale et fédérale. Son siège social est à New York et c'est de lui que partent les directions. A la 4e réunion annuelle (Avril 1923), la Résolution suivante fut adoptée :

« Nous promettons notre appui à la proposition du Président et du Secrétaire d'Etat pour la participation des Etats-Unis à la Cour, convaincues comme nous le sommes que c'est le premier pas pour la mise hors de la foi de la guerre. »

Miss Ruth Morgan « Chairman of the Council of Policies of the Departement et International Cooperation to prevent War », dans le but de préciser le rôle des femmes, écrivit la lettre suivante :

Le rôle des organisations féminines dans cette campagne est difficile à déterminer ; car il y a d'autres groupements et l'opinion publique qui travaillent avec nous. La League of Women Voters peut pourtant compter deux ou trois succès à son actif ; discours de M. Hoover à Des Moines ; du Justice Allen, de Lord Robert Cecil ; envoi de délégués à la Convention républicaine et à la Convention démocrate, avec mission de soutenir la Cour Permanente de Justice.

L'une des sections les plus actives de la League of Womens Voters est celle de Connecticut, dont la secrétaire est Miss Beatrice Marsh. Miss Marsh écrit comme suit : « Notre travail spécial quant à la Cour se partage sous deux rubriques : d'abord l'éducation de l'opinion ; puis la formation d'une sorte de Conseil d'Etat, de clearing-house, qui groupera les efforts et évitera les déperditions de force. Notre programme d'éducation comprend la publicité par la presse, la distribution d'imprimés, la formation de groupes d'études, l'envoi de speakers dans les réunions.... Nous avons demandé à quelque 20 organisations de coopérer avec nous dans cette campagne intense d'éducation et de publicité. Nous espérons ainsi former une opinion éclairée qui aura du poids sur les sénateurs.... Dans le Connecticut, nous croyons que le projet Harding-Hughes sera accepté et c'est celui que nous soutenons.

Dans la plupart des autres Etats, la League of Women Voters a pratiqué la même politique ; il en a été ainsi particulièrement à New York et en Pennsylvanie.

Mention doit également être faite des efforts d'une autre organisation : la Fédération Générale des Clubs de Femmes qui s'intéresse à une foule de questions d'ordre moral et social, notamment le travail des enfants, la réforme dans les prisons, la suppression du crime par « better home movements », l'immigration etc,.. Le 10 mai 1923, le Conseil de la Fédération Générale des Clubs de Femmes vote une résolution en faveur d'une cour mondiale de justice, sans toutefois prendre parti en faveur de la proposition Harding-Hughes, et cela, d'après la Présidente, M^me Thomas G. White, pour ne pas prêter le flanc à l'accusation de poursuivre des buts politiques. Elle se place sur le terrain exclusif de la nécessité de remplacer les solutions violentes des litiges internationaux par des solutions pacifiques.

Dans une réunion du début de mai 1923, la Fédération des Clubs des Femmes de New York vota une résolution plus explicite, au milieu des sifflets et des applaudissements : « La Fédération espère que le Sénat votera le plus tôt possible l'adhésion à la Cour dans les conditions proposées par MM. Harding et Hughes, » Cette résolution avait été proposée par un membre du Women's Harding and Coolidge Club et attaquée par un membre de l'opposition parce que le nom du Président Wilson n'y était pas attaché. On voit par cet incident que la politique de prudence de M^me White n'était pas sans raison.

Aux Etats-Unis, la puissance des femmes est considérable ; mais peut-être estimera-t-on qu'elle n'ont pas de compétence spéciale dans notre question, et qu'elles sont surtout menées par une certaine mentalité qui leur fait tenir la guerre en aversion : *bella matribus delestata*. Aussi n'insisterons-nous pas davantage sur l'action pourtant si variée et si tenace des organisations féminines. Nous avons hâte de faire connaître le sentiment du barreau, c'est-à-dire du corps qui est le plus apte à comprendre la question sous ses multiples aspects.

Le barreau en Amérique est surtout représenté par l'American Bar Association. A sa 46e réunion annuelle tenue à Minneapolis, la Résolution suivante fut adoptée : « L'American Bar Association se joint au peuple américain pour demander que les Etats-Unis adhèrent à la Cour Permanente dans les termes définis par le Président dans son message au Sénat du 24 février 1923. » La résolution fut présentée par M. George Wickersham, qui avait été Atterney-Général pendant la présidence de M. Taft. Elle rencontra une certaine opposition sous prétexte qu'elle avait un caractère politique ; mais en vote elle fut adoptée presqu'à l'unanimité. On se rendit compte de ce que le principe de la participation avait été admis « par tous les partis et tout le peuple » et que, selon une expression de M. Kellogg il y avait autant de différence entre la Cour et la Société des Nations qu'entre Booker Washington et George Washington.

En janvier 1924, pendant la Convention du New York State Bar Association deux comités furent nommés pour étudier le problème des règlements judiciaires des conflits internationaux. Le premier de ces comités devait examiner s'il était opportun d'établir une Cour internationale purement américaine. Il conclut que le Sénat étant saisi d'une proposition d'adhésion à la Cour, le moment serait mal choisi pour cela. Le second de ces Comités devait examiner la question de l'arbitrage international ; il se recommande, mais en même temps émit un vœu en faveur de l'adhésion à la Cour Permanente.

En définitive, les hommes de loi américains sont, en très forte majorité, favorables à la proposition Harding-Hughes.

La même attitude est soutenue par les organisations ouvrières dont l'importance n'est négligeable nulle part, mais surtout pas aux États-Unis où la classe laborieuse a un standard élevé de vie et s'intéresse vivement aux questions d'ordre général.

Les forces ouvrières sont groupées sous le nom de l'American Federation of Labor. Jusqu'à sa mort récente (pendant l'été de 1925) M. Samuel Gompers en était le Président. Le 1er mai 1924 M. Wallace, parlant au nom de l'American Federation of Labor déclara que le travailleur américain se rendait compte que la politique d'isolement n'était pas possible, que les événements qui affectent les conditions économiques du monde retentissent sur les États-Unis, et qu'en conséquence le parti travailliste est pour l'adhésion. Cependant il n'y a pas unanimité comme le montre la lettre suivante de M. Gompers : « Il est fâcheux que l'opinion soit divisée dans nos rangs sur une question où notre devoir est si manifeste et où notre chemin est tout tracé par les traditions américaines. Cependant l'opinion est très partagée ; quelques-uns prétendent que si nous adhérons à la Cour Permanente, nous entrons par la porte de derrière, ou par la porte de côté dans la Société des Nations. D'autres déclarent qu'il n'en est rien. D'autres estiment que la Cour, sans compétence obligatoire, ne peut servir à rien. D'autres enfin en ont peur parce qu'ils craignent qu'elle n'arrive à imposer sa juridiction.

« En ce qui concerne l'obligation, c'est une question de choix pour les nations adhérentes ; nous pouvons en bénéficier si nous le désirons et la décliner si nous le préférons. En faisant partie de la Cour, je crois que nous nous rapprochons de la Société des Nations et je pense que c'est bien. ».

Certes être membre de la Cour n'équivaut pas à être membre de la Société des Nations ; mais c'est un pas dans cette voie où je ne vois que des avantages à nous engager.

« Le parti ouvrier, dans son immense majorité, est donc en faveur de l'adhésion. Et cela se conçoit : la guerre est dure pour toutes les classes sociales ; mais surtout pour celles qui vivent de leur travail. Et d'autre part, il y a souvent plus d'idéalisme dans le cœur et dans l'esprit de ceux qui gagnent leur vie que dans le cœur et l'esprit de ceux qui sont gorgés de richesses. Néanmoins l'on doit reconnaître que les milieux d'affaires sont favorables à l'adhésion ».

La Chambre de Commerce nationale a adopté une résolution en faveur de l'adhésion. « Les États-Unis, par tradition et en pratique, ont toujours été favorables à la solution des litiges internationaux par des procédés pacifiques plutôt que par la force des armes. Cette attitude s'est clairement manifestée aux Conférences de la Haye de 1889 et de 1907, auxquelles participèrent nos délégués avec mission de tendre tous leurs efforts en vue de la création d'une Cour de justice internationale.... Cette Cour est maintenant établie et la plupart des nations du monde y ont adhéré. Les États-Unis doivent promptement prendre place à côté des autres nations. » (1) Cette résolution fut renouvelée à la 11me Réunion à New York en mai 1923 et à la 12me, à Cleveland (Ohio), en mai 1924. Donc la politique de la Chambre de Commerce nationale est constante. Elle regarde la Cour actuelle comme essentiellement judiciaire, bien composée, et elle s'étonne que les États-Unis hésitent à y adhérer. ·

---

(1) Résolution adoptée à la 10e réunion, mai 1922.

Le Conseil national de la Ligne économique, en avril 1923, fit paraître un questionnaire dans lequel figurait la question suivante : « Les États-Unis seraient-ils bien inspirés en adhérant à la Cour Permanente ? » 1238 réponses furent faites sur lesquelles 1173 pour l'affirmative (93 °/o), 4 °/o pour la négative, et 3 °/o, soit pour des réserves, soit en blanc. Cette ligue est importante, car les 3000 Membres de son Conseil National se recrutent parmi les notabilités de chaque État.

Dans cette nomenclature, l'on ne saurait oublier la National Association of Credit Men, dont la direction se réunit le 15 septembre 1925 à Atlantic City (New-Jersey), et se prononça pour l'entrée prochaine des États-Unis à la Cour. Cette association représente 30.517 firmes manufactrices, maisons de gros et banques de tout le pays. Elle estime que les affaires sérieuses et honnêtes ont tout à gagner à l'état de paix ; c'est ainsi qu'elle se prononce en faveur de la Cour.

Il va de soi que les associations américaines créées dans le but de maintenir la paix dans le monde se sont montrées très actives dans leur propagande en faveur de la Cour. Il importe de donner ici une idée de leur méthode en regardant agir les plus importantes d'entre elles, par exemple, la World Peace Foundation, la Foreign Policy Association, la Non-Partisan League, la American Peace Award.

Tout d'abord, elles constituent la documentation nécessaire à l'exacte compréhension de la question et propre à éclairer les votants. Cette documentation est mise à la disposition des pasteurs, des chefs de groupes d'études, des conférenciers, bref de tous ceux qui sont susceptibles d'influencer l'opinion publique. Cette documentation tend à faire vibrer toutes les cordes : — psychologiques, morales, religieuses — et elle varie avec les divers auditoires. Elle peut être obtenue à peu de frais, sinon gratuitement.

En outre ces associations provoquent des meetings monstres de façon à permettre à la foule de manifester ses sentiments et ainsi d'influencer le Sénat. On peut citer dans ce sens une dépêche de l'American Foundation en date du 10 janvier 1925 ainsi libellée : « Le Comité des Relations Étrangères du Sénat discute mercredi prochain la question de la Cour mondiale. Tâchez de lui faire savoir que le Peuple américain désire l'adhésion immédiate. Télégraphiez d'urgence à M. Borah et aux autres Membres du Comité, afin que les États-Unis entrent de suite à la Cour.... »

Immédiatement lettres et dépêches s'abattirent en avalanche sur Washington et l'effet fut considérable.

Une opinion que nous devons aussi signaler, c'est celle des étudiants des 21 universités, car c'est parmi eux que demain se recruteront les conducteurs du pays. A la 9^me Convention de l'International Student Volunteer Movement tenue à Indianopolis le 1^er janvier 1924, 7.400 délégués représentant plus de 1.000.000 de jeunes gens, se prononcèrent pour l'adhésion à la Cour.

La même attitude fut suivie par l'American Association of University Women à leur Réunion du 21 juillet 1923 à Portland, Oregon.

La question de l'adhésion à la Cour a souvent été mise à l'ordre du jour des *discussions entre universités* et c'est presque toujours l'affirmative qui a triomphé. — Par exemple, lors du « Triangular Debate » du 7 décembre 1923, la Pennyslvanie State College affirmative défit la University of Pittsburg negative team ; l'Université de Pittsburg affirmative team défit le Washington and Jefferson negative team ; et le Washington et Jefferson affirmative team defit la Pensylvania State College negative team. Le 19 mars 1923, les étudiants de l'Université de Columbia firent triompher la thèse de l'adhésion dans un débat contre les étudiants de Amherst College ; mais, par contre, le 27 mars 1924, Richmond, qui s'opposait à l'adhésion battit New York University qui était favorable.

Mais le 23 mars 1925 Holy Cross triompha de Boston College qui combattait l'adhésion, et cela à l'unanimité des arbitres.

En résumé, dans les universités, il y a un courant favorable à l'entrée des États-Unis à la Cour.

Il faut ajouter que dans plusieurs États particuliers, les Corps Législatifs ont émis des vœux en faveur de l'adhésion. Il en a été ainsi notamment dans le Colorado, le Delaware, l'Ohio et le Vermont. Ces vœux ont été provoqués par l'action de l'American Peace Foundation de New York City. Dans une lettre aux Gouverneurs de 40 États, cette association disait : « Comme vous le savez, presque deux années se sont écoulées depuis que le Président Harding, en février 1923, adressa sa proposition au Sénat... On confond trop la Société des Nations et la Cour. La Cour est une institution juridique, et non politique.... Pouvons-nous vous demander d'adresser à notre législature siégeant actuellement un message lui demandant de voter une résolution tendant à ce que le Comité des Affaires étrangères du Sénat soumette à cette haute Assemblée le problème de l'adhésion ? Nous croyons qu'une telle résolution est en harmonie avec l'opinion de la majorité des citoyens de votre État, sans égard aux distinctions de parti. »

Le Colorado vota la résolution suivante ; 2 mars 1925 au Sénat, 3 mars à la Chambre des Députés :

« Attendu que le peuple des États-Unis, par une grande majorité,... a élu un Président qui s'est déclaré favorable à l'adhésion ;

« Attendu que le Président Coolidge a défini la

Paix comme le règne de la loi et regarde la participation des États-Unis comme un pas dans le chemin
de la paix mondiale....

« La législature du Colorado recommande l'adhésion dans les termes de la proposition Harding-
Hughes ».

Le 21 janvier 1925, la Législature du Delaware
émit un vœu analogue. Le 10 février 1925, par
30 voix contre 4, le Sénat de l'Ohio se déclara partisan de la manière de voir du Président Coolidge ;
déjà sous le Président Harding, il avait adopté la
même attitude. Le 13 février 1925, la législature du
Vermont prit une position identique.

Beaucoup de clubs dont l'influence est considérable aux États-Unis, soit qu'ils comptent de nombreux membres, soit qu'ils se recrutent dans des
milieux puissants, se sont également rangés dans le
parti de l'adhésion.

Le 18 avril 1923, le National Republican Club,
après avoir vigoureusement stigmatisé la conduite
des sénateurs qui opposaient l'administration et notamment des sénateurs Borah, Johnson et La Fol-
lette approuva au contraire l'attitude du Président
Harding sur l'adhésion à la Cour.

Le 3 juin 1923, à Atlantic City, se tint la Convention annuelle du Advertising Clubs of the World.
Plusieurs milliers de « ad men » se trouvaient réunis,
venant de tous les points des États-Unis et même

des pays étrangers, surtout de Grande-Bretagne. Un plaidoyer enthousiasté en faveur de la Cour fut présenté par M. Fred B. Smith, de la H. W. Johns — Manville Company. — Cet américain avait fait un voyage autour du monde sous les auspices et du Federal Council of Churches of Christ in América et de la World Alliance for International Friendship and Good-Will. Il concluait de son expérience que l'adhésion des États-Unis était partout souhaitée et qu'elle aurait d'heureux résultats.

Le 6 juillet 1923 à Winona Lake (Indiana) la World Christian Citizen Conference, dans une réunion qui comptait plus de 2.000 délégués venant de toutes les parties de l'Amérique, émit le vœu que toutes les nations, et plus spécialement l'Amérique, adhèrent à la Cour Permanente de Justice.

On a dit que le « Ku Klux Klan » était très hostile au plan du Président Harding et « à toute forme d'alliance avec les nations étrangères. » Il semble, en effet, que cela résulte d'une déclaration de M. Wizard H. W. Evans en date du 30 juin 1923. Mais, à y regarder de près, on s'aperçoit que le « Ku Klux Klan » est plus opposé au Président qu'à l'adhésion à la Cour.

Le 8 novembre 1923, The War Prevention Council, par la bouche de son secrétaire M. Frank J. Libby, déclara que le pays était las de voir la Cour Permanente de Justice, qui répondait à l'idéal américain, servir de prétextes à des luttes politiques.

Le 17 mai 1923, à Philadelphie, les speakers de l'American Academy of Political and Social Sciences partirent à l'unanimité en faveur de l'adhésion.

Le 14 juillet 1925, un Comité composé de représentants de diverses organisations en faveur de la Paix, publia le programme suivant, signé de 26 personnalités connues :

Dans le but d'aboutir à la solution pacifique des litiges internationaux, nous désirons :

1° L'adhésion immédiate des États-Unis à la Cour dans les termes fixés par les Présidents Harding et Coolidge.

2° Deux ans au plus tard après cette adhésion les États signataires s'entendront pour admettre comme ligne de conduite, les principes suivants :

*a)* Mise hors la loi de la guerre comme procédé de solution des conflits internationaux ; il sera désormais considéré un crime de droit international.

*b)* Création d'un Code de droit international.

*c)* La Cour Permanente de Justice tranchera les controverses internationales.

3° Si, deux ans après l'adhésion des États-Unis, ces États se refusaient à déclarer la guerre illégitime en tout état de cause, les États-Unis pourraient se retirer de la Cour.

Les signataires reconnaissent que l'œuvre immédiate à réaliser, c'est l'adhésion à la Cour. C'est la tâche d'aujourd'hui ; le reste sera la tâche de demain.

Les signataires sont tous des personnalités connues aux États-Unis. Et c'est là, s'il est permis de s'exprimer ainsi, un excellent « poteau indicateur » de l'opinion publique car les leaders reflètent et parfois devancent le sentiment général. Ils sentent plus fortement que la foule, ce qui est dans l'air.

Dans les pages qui précèdent, l'on a étudié la propagande faite en faveur de la Cour, soit par les leaders, soit par les grandes associations. On a vu qu'ils n'avaient ménagé ni leur temps, ni leurs peines : discours, lettres, télégrammes, brochures de toute sorte — qui mieux est — des délégués des Associations les plus puissantes firent le voyage de Washington, obtinrent des audiences d'un Sous-Comité du Comité des Affaires étrangères du Sénat, et là, insistèrent avec force pour l'adhésion. Ceci se passa le mercredi et le jeudi 30 avril et 1er mai 1924, le matin et le soir. Partisans et adversaires de la Cour pouvaient également se présenter devant le Sous-Comité. Mais, en fait, tous ceux qui se dérangèrent étaient favorables à l'adhésion.

Plusieurs sortes d'organisations étaient représentées : le Barreau américain, la Fédération américaine du Travail, la Chambre de Commerce des États-Unis, le Conseil Fédéral des Églises, de multiples groupements religieux et féminins, la League of Nations Non-

Partisan Association, la Foreign Policy Association, la World Peace Foundation et de nombreuses organisations du Maryland.

Dans les discours et rapports, l'on s'étendit beaucoup sur les distinctions qui existent entre la Cour et la Société des Nations, car c'était là qu'était le point délicat. On s'attachait aussi à montrer que la Cour avait des origines américaines, que les États-Unis avaient toujours été partisans des solutions amiables et cela depuis William Penn, qu'à la Haye, l'Amérique avait joué un rôle important, que MM. Elihu Root et John Bassett Moore avaient beaucoup contribué à l'institution de la Cour Permanente, que cette Cour avait une grande analogie avec la Cour Suprême des Etats-Unis.

Sur ce fonds commun d'arguments, chaque organisation apportait en outre un point de vue spécial. Par exemple, le Barreau faisait surtout valoir que la Cour était le couronnement logique de l'évolution qui sans cesse refoulait la guerre et développait les procédés juridiques ; que les États-Unis se devaient à euxmêmes d'y adhérer à raison de leurs traditions et de leur histoire ; mais qu'ils devaient aussi sauvegarder leur indépendance et pour cela adhérer avec les réserves Harding-Hughes ; qu'enfin la Cour telle qu'elle est n'est pas aussi mal comprise que ses adversaires le prétendent. M. Lowell, Président de l'Université d'Harvard allait même jusqu'à dire : « Je ne crois pas qu'il soit possible de mieux former cette Cour. »

Pour ce qui est des leaders du parti travailliste comme Gompers et Wallace et des représentants du monde des affaires, comme Hines et Filène, la Cour méritait l'adhésion car c'était un pasteur de paix sociale, en même temps que de paix internationale et que dès lors tous ceux — patrons et ouvriers — qui sont engagés dans la production, ont intérêt à la promouvoir. Elle peut être spécialement utile dans les conflits du capital et du travail comme elle l'a déjà été grâce aux avis consultatifs.

Quant aux Eglises et aux femmes, elles invoquent surtout des raisons d'ordre moral et sentimental. C'est, par exemple, M. Taylor, Chairman of the Methodist Men Committee of One Hundred, de Philadelphie, qui déclare : « Nous ne cherchons pas à nous mêler de politique ; mais nous croyons qu'une question de pure morale ne doit pas être traînée dans la fange de la politique du parti, mais doit être décidée sans préoccupation de parti. » Le D$^r$ Moore dans le Northern Baptist Convention dit que les Eglises ne sont pas compétentes dans le problème technique de l'adhésion et il ajoute qu'il se demande si la Parabole du Bon Samaritain ne pourrait pas s'appliquer ici : « Le Bon Samaritain introduisit un idéal nouveau. Il ne savait pas gérer un hôtel ; mais il y avait un aubergiste qui le savait ; après quelques soins donnés au malade, le Samaritain le remit à l'aubergiste,

Comme église, notre rôle ne peut guère être que celui du bon Samaritain. Le Sénat, avec son expérience et sa science technique, sera l'aubergiste. » Espérons qu'en Amérique, personne ne sera parmi ceux qui passèrent à côté du malade, sans s'en soucier.

Madame Morgan, représentant la Fédération nationale américaine des Professeurs déclare : « Il n'est aucune question aussi vitale pour les femmes de ce pays que celle du maintien de la Paix mondiale. » Mrs. Baker, Présidente de la National Service Star Legion écrit : « Je n'ai pas à donner d'arguments indiquant pourquoi nous, les mères, les femmes, les sœurs et les filles, des soldats démobilisés, nous voulons la paix. Les arguments ont été donnés par d'autres plus compétents. Ce que je désire faire entendre, c'est la voix, c'est la prière des mères dont les fils vivent dans les ténèbres perpétuelles, dont l'esprit est dans les brumes, qui paralysés ne peuvent répondre à leurs soins ni à leur amour, qui sont étendus sur des lits de douleur, des mères de ceux qui ne reviendront jamais, de celles dont les étoiles bleues sont changées en étoiles d'or. »

Devant tant d'arguments, devant de si profondes supplications, devant des accents si touchants, le Sénat ne devait-il pas finir par se sentir vibrer à l'unisson de l'élite du pays ? Il nous reste à répondre à cette question dans un dernier chapitre.

# CHAPITRE II



Bien que les États-Unis aient, comme nous l'avons
vu ci-dessus, joué un rôle important dans le développement de la réglementation pacifique des litiges
internationaux, ils sont, jusqu'ici, restés à l'écart de
la Cour Permanente de Justice Internationale. Cependant elle est, en partie, leur œuvre. C'est l'Amérique qui fit incorporer dans le projet revisé du Pacte
de la Société des Nations l'article 14 d'où devait sortir
la Cour de Justice. Et c'est un américain M. Elihu
Root qui, à titre privé d'ailleurs et non comme représentant de son pays, suggéra dans le Comité consultatif des Juristes, la solution qui devait permettre
de nommer les Membres de la Cour.

Le 16 décembre 1920, quand le Statut de la Cour eût
été approuvé par l'Assemblée et le Conseil de la So-

ciété des Nations, un Protocole de Signature, constituant un acte indépendant, fut ouvert à toutes les Puissances du monde, adhérentes ou non adhérentes à la Société des Nations. Jusqu'à présent les États-Unis ne figurent pas parmi les 48 Puissances signataires.

L'élection des premiers juges se fit sans la participation de l'Amérique. Ils furent, en effet, désignés comme on le sait, par l'Assemblée et le Conseil de la Société des Nations, groupements dans lesquels les Etats-Unis ne sont pas représentés.

Le groupe national américain de la Cour Permanente d'Arbitrage eût bien pu présenter des candidats, mais il crut devoir se réserver à cause de la politique de stricte abstention du Gouvernement américain. Depuis, la Cour Permanente de Justice a fonctionné sans que l'Amérique la reconnaisse officiellement. Et cependant les États membres de la Société des Nations paraissent avoir recherché toutes occasions de faciliter l'adhésion de l'Amérique.

Tout d'abord l'article 35 du Statut déclare : « La Cour est ouverte aux membres de la Société des Nations, ainsi qu'aux Etats mentionnés à l'annexe du Pacte. » Dans le Protocole de Signature, il est répété que « le présent Protocole restera ouvert à la signature des Etats visés à l'annexe du Pacte de la Société. » Puis, d'après l'article 36 du Statut, les Etats-Unis peuvent avoir accès à la Cour, sans signer ou ratifier le Protocole ; ils peuvent comparaître, soit comme demandeurs, soit comme défenseurs.

La Cour Permanente de Justice est donc ouverte devant les Etats-Unis, et dès lors est-ce la peine de tant se préoccuper de leur adhésion ?

Certes l'Amérique peut venir devant la Cour, tant en demandant qu'en défendant ; mais la Cour telle qu'elle est actuellement constituée, ne répond pas peut-être entièrement aux légitimes prétentions de l'Amérique. Notre attention doit spécialement considérer les points suivants : élection des juges ; budget de la Cour ; compétence.

Il est d'abord naturel qu'un Gouvernement ne veuille pas se présenter devant une Cour internationale s'il n'a pas la possibilité de participer à l'élection des juges sur un pied d'égalité. Or, c'est actuellement le cas de l'Amérique, puisque, pour prendre part à cette élection, il faut être membre de la Société des Nations.

En second lieu, les frais de la Cour sont supportés par le budget de la Société des Nations. Ces frais comprennent les traitements des juges et autres fonctionnaires de la Cour, les dépenses d'administrations et de bureau, et le loyer du Palais de la Paix. Les Etats en litige supportent leurs propres frais (1). Quand un Etat n'est pas membre de la Société des Nations et qu'il a un litige (exemple de l'Allemagne

(1) Article 64 du statut de la Cour.

dans l'affaire du Wimbledon) la Cour fixe elle-même la quote-part des frais généraux que doit verser cet Etat. Actuellement, les Etats-Unis ne participent aucunement aux dépenses de la Cour. Ils voudraient en tout cas qu'elles constituent u n budget indépendant de celui de la Société des Nations.

Troisièmement, il y a la question de la compétence de la Cour et de l'exécution de ses décisions. Par exemple, est-ce que la Société des Nations pourrait appliquer les sanctions des articles 12 à 16 du Pacte à un Etat, non-adhérant à la Société des Nations, mais qui adhérerait à la Cour Permanente de Justice ? En définitive, de quelque côté qu'on examine la question, l'on est toujours ramené à cette constatation : c'est que si les Etats-Unis hésitent tant à adhérer à la Cour de Justice, c'est qu'elle leur paraît avoir des rapports de dépendance avec la Société des Nations. C'est ce qui apparaîtra au cours de ce chapitre où nous allons rappeler les opinions et propositions officielles pour et contre la participation américaine.

Il y a d'abord une lettre de M. Hughes à M. Holt du 13 juillet 1922. Le Secrétaire d'Etat déclare « qu'il ne voit aucune possibilité d'assumer une part des frais afférents à la Cour Permanente tant qu'une disposition particulière ne permettra pas à l'Amérique de participer à l'élection des juges, sans être membre de la Société des Nations. »

Cependant, le 30 octobre 1922, à Boston, dans un discours, M. Hughes émit l'avis que des arrangements satisfaisants seraient susceptibles d'être trouvés, qui permettraient à l'Amérique de participer à l'élection des juges et en conséquence de donner son appui à la Cour Permanente de Justice.

Le 17 février 1923, le Secrétaire d'Etat précisa la position des Etats-Unis dans une lettre au Président Harding. Cette lettre débute par une rapide esquisse des efforts faits par l'Amérique en vue d'arriver à la solution pacifique des litiges internationaux. Elle rappelle que les Etats-Unis ont participé à 57 arbitrages internationaux dont 20 avec l'Angleterre ; que le Président a été 5 fois choisi comme arbitre par des nations en conflit ; que 7 fois des ministres ou d'autres membres du Gouvernement ont tenu le poste de sur-arbitre ; qu'en 1899, lors de la première Conférence de la Paix, le Secrétaire d'Etat Hay envoya des délégués porteurs de projets précis tendant à la création d'un tribunal international permanent ; que la Cour Permanente d'Arbitrage sortit de ces projets ; qu'en 1907, lors de la seconde Conférence, le Secrétaire d'Etat Root fit des efforts pour que cette Cour devint et permanente et proprement judiciaire; que, dans la suite, les Etats-Unis conclurent toute une série de conventions générales d'arbitrage ; mais qu'à partir de la guerre de 1914-1918, une sorte de hiatus se produit et que l'Amérique ne coopère que, d'une façon indirecte, à la création de la Cour Permanente de Justice.

Le Secrétaire d'Etat donne ensuite un court aperçu de l'organisation et de la compétence de la Cour. Puis il indique, et c'est là le point essentiel, les réserves, c'est-à-dire les conditions auxquelles devraient, d'après lui, être subordonnée l'adhésion des Etats-Unis à la Cour Permanente de Justice. Les voici:

1º L'adhésion ne doit pas être interprétée comme impliquant un rapport quelconque entre les Etats-Unis et la Société des Nations, ni comme entraînant pour les Etats-Unis une obligation quelconque dérivant du Pacte de la Société des Nations.

2º Les Etats-Unis seront mis en mesure de participer à l'élection des juges titulaires et suppléants sur un pied de parfaite égalité avec les Etats représentés, soit au Conseil, soit à l'Assemblée de la Société des Nations.

3º Les Etats-Unis paieront une part raisonnable des frais de la Société des Nations, cette part restant d'ailleurs sous le contrôle du Congrès.

4º Le Statut de la Cour ne sera pas amendé sans le consentement exprès des Etats-Unis.

Ces réserves sont précédées d'une sorte d'exposé des motifs destiné à les justifier. Le Secrétaire d'Etat observe notamment que sans doute il y a des liens entre la Société des Nations et la Cour ; mais que cependant la Cour est une institution séparée de la

Société des Nations, qui a son statut propre et que ses décisions sont indépendantes et définitives. Il insiste sur la question de l'élection des juges ; c'est, d'après lui, l'obstacle fondamental à l'adhésion des Etats-Unis. Cette objection, dit-il, n'est pas aplanie par le fait que ce Gouvernement est représenté par son groupe national à la Cour d'Arbitrage de la Haye et que ce groupe a le pouvoir de désigner des candidats à l'élection des juges de la Cour Permanente de Justice Internationale. Il ne s'agit ici que de présentation : c'est le Conseil et l'Assemblée de la Société des Nations qui font l'élection.

Deux questions se posent au sujet des réserves formulées par M. Hughes :

1º Sont-ce les seules que les Etats-Unis doivent mettre à leur entrée dans la Cour Permanente de Justice Internationale ? En d'autres termes, l'indépendance de l'Amérique se trouve-t-elle suffisamment sauvegardée si ces réserves prévalent? Quand parut la lettre de M. Hughes, on penchait en Amérique pour l'affirmative.

2º Les réserves des Etats-Unis pourraient-elles être admises par les Puissances adhérentes, sans que le Statut de la Cour de Justice ait été préalablement modifié ? Notons que, dans sa lettre, M. Hughes ne propose pas de changer radicalement le mode d'élection des juges : « L'avantage pratique du système actuel est évident. Ce fut cet arrangement qui résolut la difficulté, jusque-là insurmontable en apparence, d'instituer un système électoral qui sauvegarderait les intérêts légitimes de toutes les Puissances grandes et petites. Il ne serait pas pratique, selon moi, de changer les traits essentiels de ce système. » Le Secrétaire d'Etat demande seulement que, pour le cas exclusif de l'élection des juges, les représentants qualifiés des Etats-Unis siègent à côté des représentants des Etats membres du Conseil et de l'Assemblée de la Société des Nations. Bref, sans modifier le système actuel, il s'agit de faire une place aux Etats-Unis, soit dans le Conseil, soit dans l'Assemblée de la Société des Nations ; mais exclusivement dans le cas où il y a lieu de nommer des juges à la Cour. Cette combinaison paraît ingénieuse : d'une part elle conserve le mode d'élection actuel, de l'autre, elle permet à l'Amérique, tout en restant en dehors de la Société des Nations, de prendre part au vote, comme si elle faisait partie de la Société des Nations.

Le Président Harding fît presque immédiatement parvenir au Sénat la lettre de M. Hughes (24 février 1923). « Je désire ardemment, dit-il, votre conseil et votre consentement. Je me réjouirais même si, pendant la courte période qui reste à courir dans la présente session, une décision pouvait être prise. Il ne s'agit pas d'instaurer une conception nouvelle des rapports internationaux ; il s'agit simplement d'accepter une institution de haute valeur toute établie et de réaliser toutes les belles paroles dites par nous en faveur d'une telle manifestation de haute civilisation. Ce serait tout à l'honneur du Sénat de faire l'effort spécial nécessaire pour donner son approbation. Le monde verrait ainsi que nous sommes toujours prêts à prendre notre part dans l'œuvre de l'organisation de la paix. »

La proposition Harding-Hughes était d'une haute importance puisqu'elle allait fixer, du moins dans ses lignes essentielles, la position officielle des Etats-Unis. Elle fut communiquée au Sénat dans l'après-midi du 24 février 1923. La lettre d'envoi du Président fut seule lue et à huis clos puisqu'il s'agissait d'une question ayant trait aux rapports de l'Amérique avec des Puissances étrangères. Comme il se faisait tard et que peu de sénateurs étaient présents, M. Lodge proposa une motion de renvoi à la Commission des Affaires Etrangères, s'engageant à s'occuper dans le plus bref délai de cette « affaire d'une haute importance. »

Mis en face de la proposition Harding-Hughes, la Commission des Affaires Etrangères du Sénat estima tout d'abord qu'elle était bien trop importante pour qu'elle pût être résolue dans le peu de temps qui restait. La clôture de la session devait en effet avoir lieu quelques jours plus tard.

Le Président ne pouvait se faire d'illusion sur le sort d'une proposition ainsi déposée *in extremis* ; mais son but était sans doute de la soumettre avant la clôture afin que le pays ait le temps de l'examiner et de la discuter pendant les neuf mois de vacances du Congrès. C'était une habitude du Président Roosevelt de procéder ainsi, ce que lui permettait de sonder l'opinion publique et d'agir ensuite en conséquence.

Quoi qu'il en soit, l'attitude du Sénat fut telle qu'on pouvait le prévoir : les Démocrates soutinrent de toute leur force la proposition, tandis que les Républicains la combattirent ou à tout le moins, se montrèrent fort réservés. Du côté des Démocrates, la question avait un aspect politique : le Président, en effet, appartenait au parti républicain et ce n'était pas un mince succès pour les Démocrates de le voir se prononcer pour l'adhésion à une Cour qui n'était « qu'une filiale de la Société des Nations », alors que son propre parti continuait à rester hostile à tout ce qui de près ou de loin touchait à la Société des Nations. Quant aux irréconciliables, tels que Lodge, Borah, Reed et Johnson, l'on pouvait prévoir qu'ils feraient une opposition systématique, présentant des amendements non sans valeur théorique, mais en fait inacceptable.

Le premier appui que trouva la proposition Harding Hughes fut auprès du Sénateur démocrate King de l'Utah, qui proposa la résolution suivante, le 27 février 1923 : « Que le Sénat approuve l'adhésion des Etats-Unis au Protocole du 16 décembre 1920, acceptant le Statut de la Cour Permanente de Justice Internationale, à l'exception de la Disposition Facultative pour la Compétence Obligatoire ; l'adhésion n'est consentie qu'aux conditions suivantes, stipulées dans l'acte d'adhésion. » Suivent les 4 réserves que nous avons déjà reproduites. (1)

Le même jour (27 février) le Sénateur Swanson, sans proposer de résolution, parla en faveur de la proposition Harding-Hughes. Il critiqua seulement la façon de procéder du Président et du Secrétaire d'Etat ; d'après lui, il eut été préférable que ceux-ci négocient d'abord des traités permettant aux Etats-Unis d'adhérer sous les réserves sus-énoncées, les envoyant ensuite au Sénat aux fins de ratification. La tactique suivie par l'Exécutif pouvait s'expliquer par le souvenir de ce qui était arrivé au Président Wilson relativement à l'entrée de l'Amérique dans la Société des Nations.

D'autres sénateurs approuvèrent encore la proposition Harding-Hughes, notamment M. Walsh du Montana qui était hostile à la politique d'isolement pratiquée par les Etats-Unis.

Le 28 février 1923, le Comité des Affaires Etrangères se refusa à suivre M. King et opta pour une procédure dilatoire. Au nom du dit Comité, M. Lodge adressa au Président Harding une demande

(1) Voir page 180 au-dessus.

d'explications complémentaires et cela sur la suggestion de M. Borah, qui, depuis, comme Président du Comité, s'est toujours montré hostile à l'adhésion des Etats-Unis à la Cour Permanente de Justice Internationale. Il est intéressant de noter que, à l'exception de M. Kellogg, qui devait succéder à M. Hughes comme Secrétaire d'Etat, tous les membres de la Commission des Affaires Etrangères étaient favorables à la motion Borah-Lodge.

Le 28 février, le Président transmit la lettre du Sénateur Lodge à M. Hughes qui fît une réponse quasi-immédiate (1er mars). Voici un résumé des questions posées et des réponses qui y furent faites.

Le Président était « prié tout d'abord de faire savoir à la Commission s'il était en faveur d'un accord obligeant les Puissances ou les Gouvernements signataires du Protocole créant la Cour à soumettre toutes questions donnant lieu à un différend et qui ne peuvent être réglées par voie diplomatique et relatives à :

(*a*) L'interprétation des Traités ;

(*b*) Toute question de droit international ;

(*c*) L'existence de tout fait, lequel s'il était établi, pourrait constituer un manquement à une obligation internationale ;

(*d*) La nature ou l'étendue des réparations à accorder pour le manquement à une obligation internationale ;

(*e*) L'interprétation d'un arrêt de la Cour ». M. Hughes

répondit par la négative, rappelant que l'attitude traditionnelle des Etats-Unis n'était pas favorable aux traités généraux d'arbitrage.

La seconde question était ainsi libellée : « Si le Président est en faveur de la thèse sus-visée, est-il d'avis de se mettre en rapports avec les autres Puissances pour savoir si elles acceptent aussi une telle obligation ? Ces Puissances entendent-elles se lier par avance pour tous les cas ci-dessus rappelés, ou au contraire se réservent-elles, dans chaque espèce, le droit d'aller ou de ne pas aller devant la Cour... ? » Le Secrétaire d'Etat ne fît pas de réponse spéciale à cette question, puisqu'elle était dans la dépendance de la première.

Troisième question : La Commission désire savoir si l'administration propose que ce pays reconnaisse la section n° XIII du Traité de Versailles (sur le Travail) comme une obligation le liant. Le Secrétaire d'Etat se prononce pour la négative. Il déclare que les Etats-Unis n'ont pas accepté la Partie XIII et que, en conséquence, les obligations y inclues ne leur sont pas opposables.

Enfin la Commission priait le Président de dire si parmi les Etats qui ont adhéré au Protocole, il y en a qui ont fait des réserves lors de leur signature. M. Hughes répondit que, à sa connaissance, aucun Etat n'avait fait de réserves à leur adhésion.

La Commission des Affaires Etrangères, en de-

mandant ces précisions à l'Exécutif, avait sans doute
espéré qu'aucune réponse ne serait faite avant la clôture du Congrès qui était imminente. Cette espérance
fut déçue, puisque la réponse de M. Hughes parvint à
la Commission le 2 mars 1923, soit deux jours avant
la fin de la session. La Commission dut prendre sur
elle d'ajourner la question jusqu'à la réunion suivante
du Congrès.

Le Président ne se découragea pas et le 24 avril 1923
à une réunion de l'Associated Press il prononça un
discours important dans lequel il s'exprimait ainsi :
« Durant les derniers jours du dernier Congrès, j'ai
envoyé au Sénat une communication demandant
conseil et consentement en vue de l'adhésion des
Etats-Unis à la Cour Permanente de Justice Internationale. Cette initiative, pourtant si simple et si
normale, a suscité tant de discussions et de malen-
tendus, que j'accueille avec joie l'occasion de m'en
expliquer à nouveau. » Les Etats-Unis ont un régime
politique dans lequel le peuple est souverain et décide
de son sort en confiant le pouvoir au parti qui représente ses idées. Or, quel est le programme du parti
au pouvoir en ce qui concerne les rapports internationaux ? En 1904, le parti républicain disait : « Nous
sommes en faveur du règlement pacifique des litiges
internationaux par l'arbitrage. » En 1908, il se ré-
jouissait des progrès réalisés dans cette voie par les
Conférences de la Haye dans lesquelles les délégués

américains avaient joué un rôle important. En 1912,
le parti républicain précisait encore son attitude :
En même temps que la paix et l'ordre à l'intérieur,
le parti républicain est favorable à toute mesure
tendant au maintien de la paix et des relations
d'amitié entre les peuples. Il croit sincèrement à la
possibilité d'un règlement pacifique des litiges internationaux de toute sorte par l'établissement d'une
Cour de Justice Internationale. En 1916 déclaration
analogue : Le parti républicain croit à la possibilité
de régler amiablement les différends internationaux
et est favorable à l'institution dans ce but d'une Cour
mondiale... En 1920 les relations de l'Amérique avec
les autres Puissances étaient froides par suite de la
répudiation par le Sénat du Traité de Versailles et
du Pacte de la Société des Nations. La Convention
du parti républicain, tout en approuvant la politique
du Sénat, ne voulait cependant pas de l'isolement
pour les Etats-Unis : Nous promettons le soutien de
l'administration républicaine pour tous accords avec
les autres nations qui seront compatibles avec les
devoirs de l'Amérique envers la civilisation et l'humanité à la condition que de tels accords soient compatibles avec le droit du peuple américain d'exercer son
jugement et sa puissance en faveur de la justice et de
la paix.

Le Président Harding continua ainsi : « Comme j'ai
pris part à l'élaboration de ce programme et que j'ai

tenu le drapeau dans la campagne qui l'a fait triompher, j'ai des raisons pour croire qu'il reflète exactement la pensée profonde du parti républicain. Or, un parti doit être fidèle à son programme ; si non, le gouvernement « du peuple, par le peuple et pour le peuple n'est qu'un vain mot. » Il se peut, dit le Président, que la Cour Permanente de Justice Internationale ne soit pas pleinement conforme à l'idéal rêvé ; mais c'est déjà une réalisation d'un haut intérêt, et il croit que nous devrions y adhérer. Le Président indique ensuite que cette adhésion ne doit pas être sans réserves, et qu'en outre, il ne convient pas de brusquer les choses, de façon que le monde n'assiste pas à nouveau « au spectacle désappointant de l'Exécutif proposant et du Sénat disposant ». Le Président a seulement tâté l'opinion des Puissances étrangères et s'étant assuré que l'Amérique pourrait adhérer à la Société des Nations, il a saisi le Sénat. Il n'avait pas l'espoir que celui-ci se prononcerait dans le peu de temps qui lui était imparti ; mais il s'agissait de montrer au monde le vrai visage de l'Amérique.

Le Président termine en assurant bien haut que l'adhésion à la Cour n'est pas un premier pas vers l'entrée de l'Amérique à la Société des Nations, et en proclamant la supériorité de la Cour de Justice sur les cours d'arbitrage.

Quelques jours plus tard (22 avril 1923) le Secrétaire d'Etat, M. Hughes, prononça un important discours dans le même sens devant la Société américaine de Droit international de Washington.

Les idées exposées par M. M. Harding et Hughes suscitèrent de vives discussions, et le 22 juin, le Président, sentant une vive résistance, recommanda une solution transactionnelle dans un discours prononcé à Saint Louis. Il insista sur deux conditions qu'il tenait pour indispensables. Tout d'abord, la Cour Permanente devait, à tous égards, être une Cour mondiale et non pas une Cour de la Société des Nations. Ensuite, les Etats-Unis n'y pouvaient figurer que sur un pied d'égalité avec les autres Puissances.

La première condition, d'après le Président, ne peut être réalisée que si trois modifications sont apportées au *slalu quo* actuel. Tout d'abord, la Cour Permanente de Justice Internationale devrait se recruter elle-même, comme le fait, par exemple, l'Académie française. C'est le système de la cooptation. Il ne semble pas exister aujourd'hui ni dans les tribunaux nationaux, ni dans les tribunaux internationaux ; on a dit qu'il avait fonctionné en France sous l'ancien régime ; mais nous estimons qu'il y a ici une confusion. Dans les Parlements ce n'était pas la cooptation qui jouait, mais la vénalité et l'hérédité : c'est-à-dire que c'était chaque titulaire qui, moyennant finances, présentait son successeur. Ce n'est pas, semble-t-il, le procédé envisagé par le Président, ce qu'il souhaite, c'est que la Cour pourvoie elle-même à son propre recrutement. Ne serait-ce pas donner à 15 hommes un pouvoir bien exhorbitant ? Ne serait-ce pas en faire une sorte de super-gouvernement ? Imagine-t-on une pareille procédure pour les membres de la Cour Suprême des Etats-Unis ? Et cependant les difficultés seraient moindres ; car, en Amérique, les juges de la Cour Suprême connaissent les meilleurs juristes du pays cités plus dignes, tandis que la Cour Permanente de Justice connaît moins bien les juristes les plus éminents et les plus consciencieux du monde entier. Le Président mettrait une bien lourde responsabilité sur les épaules des membres de la Cour permanente. D'ailleurs une telle suggestion, déjà si délicate en elle-même, ne serait sans doute pas acceptée par les autres Puissances, surtout par celles qui n'ont pas de nationaux sur le siège. Comment demander au Pérou, au Siam, à la Tchécoslovaquie, qui n'ont pas de citoyens parmi les juges, d'abandonner leur droit actuel de vote ? En février 1923, le Président Harding et le Secrétaire d'Etat Hughes demandaient comme condition *sine qua non* que le Gouvernement américain participe à l'élection des juges. Et maintenant le même Président propose que 31 nations soient privées du droit de vote pour la nomination de ces juges.

N'y a-t-il pas là quelque anomalie ? Est-ce que la confiance des Etats dans la Cour pourrait être augmentée par le procédé que suggère le Président ? Est-ce que, au contraire, les Puissances n'hésiteraient pas davantage qu'aujourd'hui à porter leurs différends devant elle ? Enfin, le recrutement par cooptation ne prête-t-il pas au népotisme, au favoritisme ? En définitive, la suggestion du Président remettrait tout en question et bouleverserait le système actuel qui a fait ses preuves et qui, à tous égards, paraît préférable. Elle n'a qu'un but : couper les liens qui unissent la Cour à la Société des Nations et donner une certaine satisfaction aux adversaires de cette dernière.

La seconde condition posée par M. Harding s'inspirait encore du même dessein ; mais elle était de bien moindre importance.

Il s'agissait d'enlever au Conseil et à l'Assemblée de la Société des Nations tout contrôle sur le budget de la Cour. Le Président donnait notamment comme motif que le système actuel était injuste en ce qu'il « taxe les membres de la Société des Nations qui n'adhèrent pas à la Cour ».Ces membres sont l'Argentine le Guatemala, le Honduras, la Hongrie, le Nicaragua et le Pérou. Il n'est pas à notre connaissance que jusqu'ici ces Etats se soient plaints de la situation qui leur est faite. Le Président propose que le budget de la Cour soit réglé, soit par la Cour d'Arbitrage, soit par une commission désignée à cet effet par les Puissances signataires du Protocole. La Cour d'Arbitrage ne pourrait être chargée de ce soin ; cela ne rentre pas dans ses attributions. Et d'autre part, elle n'existe pas comme corps, ainsi qu'on le sait ; il n'y a eu qu'une simple liste de noms, et les personnalités qui y figurent ne se sont jamais réunies ensemble. Quant à créer une commission spéciale, c'est vouloir compliquer à plaisir un mécanisme déjà délicat et qui n'a pas fonctionné sans difficultés.

La suggestion du Président n'a qu'un avantage : permettre aux États qui ne sont pas membres de la Société des Nations de participer d'une façon plus effective à l'aménagement du budget de la Cour. On pourrait stipuler pour ces pays, et notamment pour l'Amérique, qu'ils enverraient leur part des dépenses directement au greffe de la Cour à la Haye, sans les faire passer par l'intermédiaire de la Société des Nations. C'est déjà de cette façon que l'Allemagne règle sa contribution pour les dépenses du Bureau International du Travail.

La troisième suggestion du Président est relative aux avis consultatifs. M. Harding demande soit que le privilège de la Société des Nations de demander des avis à la Cour soit aboli, soit plutôt qu'il soit étendu à tout État adhérant ou à tout groupe d'États adhérants. Abolir la compétence de la Cour en matière d'avis consultatifs ne serait sans doute pas désirable. C'est un facteur puissant de développement du droit international et un moyen de sauver la paix en ce qu'il permet de gagner du temps, de laisser les passions s'apaiser et d'aboutir à des solutions de conciliation sous la pression de l'opinion publique. Par exemple, dans la très délicate affaire de Mossoul, le renvoi à la Cour pour avis n'a pas été sans exercer une heureuse influence.

C'est, si on y regarde de près, une sorte de modalité des commissions d'enquête internationale dont les résultats ont été si bienfaisants. Ici, comme là, il s'agit avant tout de gagner du temps. Donc supprimer le rôle de la Cour en matière d'avis consultatifs ne constituerait pas un progrès ; est-ce à dire qu'il convienne de l'étendre et de permettre par exemple à des organisations internationales, comme l'Union postale, ou à des États de venir devant la Cour solliciter des consultations ? Ne serait-ce pas s'engager dans une voie qui mènerait à accorder à la Cour une sorte de juridiction générale ? Voit-on le Canada demander un avis à la Cour sur un litige avec l'Amérique, sans que celle-ci y consente ? Vouloir développer outre mesure le rôle de la Cour ne serait-ce pas l'exposer à un échec et à une diminution de prestige ?

Dans son discours de Saint-Louis, le Président déclare que la Cour « a clairement démontré son utilité et son efficacité ».

Or, à cette date (21 juin 1923) la Cour n'avait encore rendu que des avis consultatifs. Pourquoi dès lors vouloir bouleverser son statut ?

Le Président insiste beaucoup sur la nécessité que les États-Unis soient traités sur un pied « d'égalité ».

Il semble qu'il veuille prétendre dans le vote à autant de voix pour l'Amérique que pour l'Angleterre. Or, on sait que les nations formant la British Commonwealth disposent de 6 voix (en dehors de l'Irlande). Cela reviendrait à dire au Canada, à l'Irlande et aux autres dominions : Il est vrai que vous avez acquis une position indépendante comme membres de la British Commonwealth. Il est vrai qu'en conséquence de plusieurs générations d'efforts vous avez abouti à faire figure parmi les personnes en droit international. Mais les États-Unis estiment en dépit de tout cela que l'Empire britannique est toujours un et indivisible et qu'en conséquence vous ne pouvez avoir de voix. C'est l'Empire britannique qui doit voter seul.

Une telle conception ne répond pas aux réalités actuelles et en outre on s'étonne de la voir soutenue en Amérique. Ce n'est pas à cette Puissance à essayer de diminuer l'indépendance des Dominions ; d'autant que leur mentalité se rapproche de la sienne et que, par suite leur situation présente ne peut que lui profiter.

En apparence, la position de l'Angleterre se trouve renforcée par le vote des Dominions ; en fait rien ne démontre qu'ils bloqueront leurs votes avec celui de la mère-Patrie. De plus, c'est seulement à l'Assemblée que l'Empire Britannique dispose de plusieurs voix ; au Conseil, il n'en a qu'une. Enfin le prestige de l'Amérique sur certains États du Sud n'est-il pas plus grand que celui de l'Angleterre sur l'Australie ?

On peut conclure, semble-t-il, qu'aucune des suggestions émises par le Président dans le discours de Sᵗ-Louis ne s'impose vraiment, qu'aucune ne serait un progrès sur le système actuel ; qu'aucune enfin n'a de chances sérieuses d'être admise par les Etats qui ont fondé la Cour sans les Etats-Unis et qui l'ont jusqu'ici soutenu de leur puissance et de leurs deniers. Remettre sur le chantier l'œuvre jusqu'ici réalisée ne serait pas sans risques. Il paraîtrait préférable aux Puissances adhérentes de se contenter de ce qui est ; la Cour actuelle a tout au moins un mérite primordial ; elle vit et fonctionne.

En réalité, dans le discours de Sᵗ-Louis, le Président parle en homme politique. Proposer qu'après la grande guerre, Ottawa, Melbourne et Dublin renoncent en faveur de Londres à une parcelle de leur autonomie ; suggérer que ces capitales consentent à ce que la Sibérie ait une liberté de choix qui leur serait refusée, ne saurait constituer un système de politique étrangère pour l'Amérique, c'est faire une déclaration qui n'est pas destinée à l'étranger, mais bien plutôt aux républicains du Sénat et à la convention du parti républicain de 1924.

Autant les sénateurs démocrates s'étaient montrés favorables à la proposition Harding-Hughes du 24 février 1923, autant ils se montrèrent hostiles au discours ci-dessus analysé. Spécialement le Sénateur Swanson, l'un des membres démocrates de la Commission des Affaires étrangères, qui jusque là avait chaudement soutenu la proposition de février, dénonça le discours de S<sup>t</sup>-Louis comme absurde et entaché de prétentions folles : celle notamment de permettre à la Cour de se recruter elle-même. Même le sénateur Borah qui est tout à fait hostile à ce que la Cour soit une filiale de la Société des Nations, n'admet pas le système du recrutement des juges par cooptation.

Le Président Harding fut, comme on sait, remplacé par le Président Coolidge. Dans un message au 68<sup>e</sup> Congrès, en date du 6 décembre 1923, ce dernier s'exprima ainsi :

« Notre politique étrangère a toujours été guidée par deux principes : l'un est de s'éviter des alliances permanentes politiques qui sacrifieraient notre indépendance : l'autre est le règlement pacifique des conflits internationaux par traités.... Depuis près de 25 ans, nous sommes membres de la Cour de la Haye et depuis longtemps nous préconisons l'institution d'une Cour de Justice mondiale. J'approuve ces deux principes. Le Sénat est saisi d'une proposition tendant à ce que l'Amérique adhère à la Cour Permanente de Justice et la recommande à sa considération avec cette réserve nettement indiquée que, en aucun cas, l'Amérique n'est disposée à entrer dans la Société des Nations. »

Le 10 décembre 1923, le Sénateur Lenroot, de

Wisconsin, du parti républicain, et nouvellement élu à la Commission des Affaires Etrangères, proposa la résolution suivante :

« Il est décidé que le Sénat consente à l'adhésion des États-Unis au Protocole du 16 décembre 1920 relatif à la Cour de Justice, mais non à la disposition facultative touchant la compétence obligatoire. Cette adhésion n'est donnée qu'aux conditions suivantes :

1º L'accession au statut de la Cour n'entraîne pas l'acceptation des obligations établies par le Pacte de la Société des Nations, ce qui d'ailleurs est une idée qui va de soi.

2º L'adhésion n'aura lieu que lorsque le statut aura été amendé dans le sens suivant : Tout Etat indépendant, ayant des agents diplomatiques à la Haye, aura la faculté d'adhérer. A l'avenir, l'élection des juges titulaires et des juges suppléants se fera de la façon que voici : les États adhérents au Protocole seront divisés en deux groupes. Le premier s'appellera le groupe « A » et sera formé des États suivants : Empire britannique, France, Etats-Unis, Italie, Allemagne, Japon et Brésil. Le second comprendra tous les autres États adhérents et s'appellera le groupe « B ». Si l'Allemagne n'adhère pas, la Belgique lui sera substituée dans le groupe « A ». Ces groupes assumeront respectivement le rôle du Conseil et celui de l'Assemblée de la Société des Nations. Le Secrétaire de la Société des Nations n'aura plus à s'occuper de la Cour permanente de Justice ; ses fonctions seront dévolues au greffier de la Cour....

« Le budget de la Cour ne sera plus sous la dépendance de la Société des Nations ; il sera réglé par le collège électoral.

« L'accès de la Cour sera ouvert à tout Etat indépendant ; si l'un des États en litige n'a pas adhéré au Protocole, la Cour décidera de la part de dépenses qui lui incombe.

« Enfin aucune modification ne pourra être apportée au statut de la Cour sans l'assentiment des États-Unis. »

Cette proposition du Sénateur Lenroot a été l'objet d'un commentaire intéressant de la part du professeur Hudson de l'Université de Harvard. (1) « Le Sénateur Lenroot se présente comme un partisan de la Cour permanente ; mais, en même temps il met de telles conditions à l'adhésion des États-Unis qu'il la rend impossible. Le statut de la Cour n'a pas prévu de procédure de révision ; pour l'amender il faudrait le concours des 47 Etats adhérents. Cela n'irait pas tout seul ; il faudrait réunir sans doute une conférence exprès ; il faudrait que les États signent ; il faudrait que les Parlements ratifient. Il a

(1) *New York Times*, 26 décembre 1923.

fallu 3 ans pour que 47 États adhèrent ; il n'en faudrait pas moins pour qu'un amendement soit accepté. »

Les suggestions du Sénateur Lenroot ont donc un défaut capital : c'est de n'être pas pratiques. Mais, en outre, quel progrès réalisent-elles ? On ne fait guère que substituer les majuscules « A » et « B » aux mots « Conseil » et « Assemblée ». Et cela dans le désir de dénouer d'une façon apparente, les liens qui rattachent la Cour à la Société des Nations. Au fond, on peut se demander si le Sénateur Lenroot désire vraiment l'adhésion ; il la subordonne à trop de conditions.

Le 9 mai 1924, M. Lodge, sénateur républicain du Massachusetts, Président de la Commission des Affaires Étrangères et leader de la majorité républicaine au Sénat, déposa une proposition comportant tout un plan de Cour de Justice mondiale et demanda au Président de provoquer la réunion d'une conférence internationale pour l'étudier.

Le grand grief de M. Lodge contre la Cour est celui que nous avons déjà si souvent rencontré : à savoir, que la Cour serait une filiale de la Société des Nations. Voici les dispositions essentielles de la proposition Lodge. Le Sénat et la Chambre prient le Président de proposer au nom des États-Unis aux nations du monde la réunion d'une troisième conférence de la Haye et d'y défendre le plan suivant pour l'établissement d'une Cour mondiale de Justice internationale.

Le plan Lodge comprend 67 articles et suit de très près le Statut actuel de la Cour Permanente de Justice. Il est divisé en 2 sections :

1º Organisation de la Cour ;

2º Compétence de la Cour.

La première section comprend les articles 2 à 30 ; l'article 1er posant le principe d'une Cour indépendante. Le 2e section comprend les articles 30 à 60.

Quant aux derniers articles, 62 à 67, ils constituent des additions dans lesquelles le Sénateur Lodge souligne les divers points qu'il désire mettre en relief.

M. Lodge propose naturellement un nouveau mode d'élection des juges (article 3). Les membres de la Cour seront élus par une Commission électorale, composée de représentants désignés dans ce but par les Puissances signataires et par un comité spécial désigné dans ce but par les États-Unis, l'Empire britannique, la France, l'Italie, le Japon et 5 autres parmi les Puissances signataires choisies par le Comité général à la majorité des voix, de temps en temps, à discrétion. Chaque Puissance n'aura qu'un représentant dans chaque Comité.

Le collège électoral ainsi constitué se réunira quand il sera nécessaire, soit à la Haye, soit ailleurs selon la décision des Puissances adhérentes.

Le collège électoral se tiendra au moins trois mois avant le terme de l'investiture des Membres de la

Cour, et en cas de décès, démission ou destitution d'un juge, dans le plus bref délai.

La Commission électorale aura un secrétaire permanent qui pourra être celui de la Cour d'Arbitrage de la Haye.

La Cour sera composée de 16 membres, 12 titulaires, 4 suppléants. Ce nombre pourra dans la suite être porté à 15 titulaires et 6 suppléants. »

L'article 4 spécifie que les candidats sont présentés par les groupes nationaux de la Cour d'Arbitrage.

L'article 13 mérite d'être souligné. Il stipule : « Les juges seront élus pour neuf ans. Aussitôt que possible après l'élection la Cour se divisera en trois sections, d'après un tirage au sort. Les juges de la première section seront remplaçables au bout de trois ans ; ceux de la seconde au bout de six ; ceux de la troisième au bout de neuf. » Bref, c'est le renouvellement par tiers tous les trois ans.

La proposition Lodge prévoit encore (article 19) que le budget de la Cour sera distinct et indépendant de celui de la Société des Nations. Par contre, elle ne contient pas d'articles relatifs aux questions ouvrières (section XII et XIII du Traité de Versailles). Pour le surplus, quant à l'organisation de la Cour, le plan Lodge ne se distingue pas sensiblement du Statut actuel.

Pour ce qui est de la compétence de la Cour, les textes du statut et la proposition de M. Lodge sont presque identiques sauf sur un point important. Aujourd'hui, l'accès de la Cour est ouvert aux membres de la Société des Nations ainsi qu'aux États mentionnés à l'annexe du Pacte (art. 35 § 1). Le sénateur Lodge propose de dire simplement (art. 32) : « La Cour sera ouverte de droit aux Puissances signataires.» Il souligne que « seuls les Etats peuvent être parties aux litiges devant la Cour » (art. 31) tandis que dans le Statut actuel il est dit : « Seuls les Etats ou les Membres de la Société des Nations ont qualité pour se présenter devant la Cour. » (art. 34) La conséquence est importante ; aujourd'hui les Dominions sont aptes à plaider devant la Cour ; avec le projet Lodge, ils ne le seraient plus.

Pour qu'il n'y ait pas d'équivoque, le Sénateur déclare à l'article 62 que le « mot *Etat* employé dans ce statut signifie exclusivement un fully self-governing state, c'est-à-dire que les colonies, les dominions et les États dépendants sont inaptes à ester devant la Cour. » On a déjà vu ci-dessus que la question des Dominions britanniques ne paraît pas être considérée sous son vrai jour dans beaucoup de sphères officielles américaines.

Il y a quelque chose de disgracieux de la part de l'Amérique à vouloir rejeter les Dominions hors du droit international, et en plus elle s'exagère les liens de dépendance qui les relient actuellement à la Métropole.

Les articles additionnels méritent d'être en partie

cités, car ils témoignent des craintes que les États-Unis éprouvent vis-à-vis d'organismes internationaux.

« Article 64 : Une Puissance signataire peut se retirer de la Cour et ainsi se délier de ses obligations à venir en avisant le Secrétaire ou une des Puissances signataires deux ans d'avance. »

« Article 65 : La Cour ne sera pas compétente pour donner des avis aux quelques questions que ce soit touchant l'admission des étrangers aux États-Unis ou dans les établissements scolaires des divers États, l'intégrité territoriale de ces États, les dettes et obligations financières des dits États, les questions se rattachant à la doctrine de Monroe ou que le Gouvernement tiendra pour des questions intérieures. »

« Article 66 : La Cour sera guidée par le principe que le droit international reconnait l'autorité des lois des Etats-Unis à l'intérieur des frontières à l'égard des étrangers ou des propriétés appartenant aux étrangers en temps de paix comme en temps de guerre. »

« Article 67 : Avant qu'un litige dans lequel les États-Unis sont parties puisse être soumis à la Cour, un accord spécial doit être conclu entre les États-Unis et l'autre partie en litige déterminant clairement la question en litige, l'étendue des pouvoirs de la Cour et les phases de la procédure ; ces accords spéciaux ne peuvent être conclus que par le Président des États-Unis sur le conseil et avec le consentement du Sénat. »

Le plan Lodge fut défendu par M. Chandler P. Anderson, ancien conseiller d'État à Washington qui a représenté l'Amérique dans plusieurs arbitrages internationaux. « Les États-Unis ont définitivement refusé de devenir membres de la Société des Nations et il est à présent trop tard pour espérer que les nations adhérentes se joindront à nous pour l'établissement d'une nouvelle Cour de justice, en dehors de celle qui existe déjà. Dans ces conditions, la solution la plus simple serait de séparer la Cour actuelle de la Société des Nations, de lui donner par la réunion d'une Conférence internationale l'indépendance qu'elle n'a pas. »

C'est le leit-motive qui revient toujours ; il faut, à tout prix, séparer la Cour de la Société des Nations.

Le plan Lodge fut, en Amérique même l'objet de très vives critiques. M. Wickersham de la Non-Partisan Association, s'exprima ainsi dans un discours : (1) « Aucun acte de polichinelle comme celui-ci n'a jamais été proposé par un homme d'État sérieux. Ce projet est grotesque. C'est un moyen manifeste de jeter de la poudre aux yeux à nombre de gens qui croyaient que les États-Unis devaient adhérer à la Cour actuelle de Justice dans les conditions définies par Messrs Harding et Coolidge. Mais j'ai la certitude que le public saura faire la distinction entre la vraie

(1) *New York Times*, 10 mai 1924, p. 12.

et la fausse monnaie et qu'il fera justice des suggestions de M. Lodge. »

A Genève on observe que les quarante et quelques nations représentées à la Cour actuelle ne la laisserait jamais tomber pour satisfaire les susceptibilités américaines et obtenir l'adhésion de ce dernier pays. En conséquence, l'on tenait le projet Lodge pour inutile et même dangereux.

En Amérique même, l'hostilité contre le projet Lodge allait s'accentuant. Par exemple, M. Irving Fisher, professeur à l'Université de Yale, la considérait « comme une tentative pour empêcher l'adhésion des États-Unis à la seule Cour existante et disponible....

Le Sénateur Lodge, poursuivait-il, est l'un des onze hommes qui à Washington sont décidés à s'opposer à toute coopération de l'Amérique avec l'Europe. M. Lodge doit bien se rendre compte que les autres nations se refuseront à modifier le mode d'élection des juges, d'autant plus qu'il n'y a aucune bonne raison de le faire. En somme, ce Sénateur s'efforce de substituer une impossibilité à une possibilité, jeu qui lui a déjà réussi. »

Le 12 mai 1924, la Non-Partisan Association de New York lança un manifeste contre la proposition Lodge : « On peut assurer avec une absolue certitude que si le projet de ce Sénateur est adopté par le Sénat la conséquence en sera un échec de l'Amérique et un isolement de plus en plus complet de ce pays. Le projet n'a été présenté que pour brouiller les cartes et troubler l'opinion publique.

« Le Professeur Manley Hudson croit que le projet Lodge est destiné à rejoindre dans l'oubli le discours de M. Harding à St-Louis. Rien ne les recommande près de l'étranger et ici même le peuple se rendra vite compte qu'il n'est pas davantage recommandable. »

Bref l'accueil fut en général si frais que M. Lodge prit le parti de retirer son projet. Mais dans le même temps deux autres sénateurs, Messrs. Pepper et Swanson déposaient des propositions. La proposition Pepper fut même acceptée par la Commission des Affaires Etrangères. En voici les directives :

M. Pepper prie d'abord le Président de bien vouloir provoquer la réunion d'une conférence internationale qui organiserait une Cour de Justice mondiale, soit par la modification de la Cour d'Arbitrage de la Haye, soit par la dissociation de la Cour de Justice d'avec la Société des Nations. Et comme on lui demandait de préciser ce qu'il entendait par cette « dissociation », il déclara que ,selon lui, le Conseil et l'Assemblée de la Société des Nations ne devraient avoir aucune part dans l'élection des juges.

Devant les critiques qui se levaient nombreuses et vives, notamment de la part de M. Walsh, le Sénateur modifia un peu son texte primitif (22 mai 1924). Ses directives sont les suivantes :

1º Tout lien doit être supprimé entre la Cour de Justice et la Société des Nations ;

2º La Cour ne doit pas rendre d'avis consultatifs ;

3º L'Amérique doit nettement faire savoir que la base de sa politique est toujours la doctrine de Monroe et qu'elle ne peut entrer dans aucune organisation qui y serait contraire ;

4º Les Etats-Unis adhèrent à la Cour modifiée dans le sens indiqué par l'Amérique, mais non pas à la disposition facultative.

Le projet Pepper est suivi de deux annexes. Dans l'une est indiqué le mode de nomination des juges qu'il préconise à la place de celui qui est pratiqué actuellement ; il se rapproche singulièrement du système Lodge (Art. 8).

En somme le projet Pepper est assez voisin de ceux des Sénateurs Lenroot et Lodge ; il s'inspire des mêmes tendances.

Le projet Swanson se rattache au contraire à un autre point de vue. Le Sénateur démocrate de Virginie demande que les Etats-Unis donnent leur adhésion aux conditions déterminées par Messrs. Harding et Hughes La proposition reflète l'opinion de la minorité de la Commission des Affaires Etrangères.

Il est nécessaire de faire ici une place spéciale au Sénateur Borah, tant à cause de l'intérêt qu'il a tou-

14

jours témoigné à cette question de la Cour que de l'influence qu'il possède aux Etats-Unis.

Dès l'origine, M. Borah s'est déclaré partisan de l'adhésion de l'Amérique à une Cour permanente de Justice internationale réellement indépendante. Il souhaite la substitution de la loi à la force et estime qu'une Cour de justice internationale est capable d'aider à ce résultat. Ce n'est pas un « isolationist », c'est-à-dire qu'il croit que les Etats-Unis ne doivent pas se tenir à l'écart des affaires du monde. Pourtant ce n'est pas un partisan de la Cour Permanente de Justice telle qu'elle existe actuellement, ni même de l'adhésion des Etats-Unis sous les réserves indiquées par Messrs Harding et Hughes. Ce que M. Borah voudrait voir établir, ce serait un tribunal juridique international, indépendant, sans caractère politique, et cette idée est louable. Il espère réaliser cet idéal, en suscitant le divorce de la Cour et de la Société des Nations. Il approuve donc le fameux discours de St Louis. Ce que croit surtout M. Borah, c'est que l'Europe désire entraîner les Etats-Unis dans un « political entanglement », dans une « pétaudière politique ». C'est, d'après lui, ce qu'est aujourd'hui la Cour Permanente de Justice.

A la session du Congrès de 1924 le sénateur Borah tint un rôle de premier plan en ce qui concerne l'adhésion de l'Amérique : mais on ne peut pas dire que des modifications se soient produites alors dans l'attitude des personnalités en vue et officielles. Comme le Président Harding, le Président Coolidge se montrait favorable, sous certaines réserves. Il était soutenu par les Démocrates et combattu par les Républicains, quoique appartenant à ce parti. Il est même très remarquable que, en dépit de l'énorme majorité qu'il avait eue lors de l'élection, toutes les propositions contenues dans son message au Sénat furent rejetées, sauf une, par « le Steering Comittee of the Senate », c'est-à-dire par le Comité des chefs de groupe du Sénat.

En somme la session de 1924 ne fit guère avancer la question de l'adhésion des Etats-Unis ; on piétina sur place.

Le 8 janvier 1925, M. Willis, Sénateur républicain de l'Ohio, saisit le Sénat d'une résolution qu'il désirait substituer à celle de Pepper ; elle reproduit les réserves Harding-Hughes et n'admet pas que la Cour donne des avis consultatifs.

Le 14 janvier, le Sénateur Borah, Chairman de la Commission des Affaires Etrangères, demanda que le problème de l'adhésion des Etats-Unis à la Cour fut ajourné à raison de l'urgence des affaires d'ordre intérieur. Le 26 janvier, M. Coolidge laissa au Sénat le soin d'apprécier s'il mettrait la question à son ordre du jour pendant la session spéciale qui devait se tenir le 4 mars.

Le 68e Congrès termina ses séances le 4 mars 1925, à midi, sans que la question ait fait un pas, malgré les efforts du Sénateur King, dont la motion fut enterrée. Une session spéciale se tint immédiatement ; mais il apparut de suite que l'hostilité à la Cour ne désarmait pas. Le 10 mars M. Harris, Sénateur démocrate de la Georgie, proposa de discuter la question de l'adhésion ; mais le Sénateur Cummins, Chairman, fit observer qu'elle n'était pas à l'ordre du jour, que M. Harris était « out of order » ; et le Sénateur Reed ajouta à l'appui que la question était encore devant la Commission des Affaires Etrangères, et qu'il fallait attendre le rapport de cette Commission pour entreprendre la discussion.

Quant au Sénateur Borah, il continuait toujours sa campagne contre l'adhésion à la Cour telle qu'elle est constituée.

Dans un discours prononcé à Bridgeport (Connecticut) le 2 avril 1925, il déclara que l'on ne pourrait parler d'adhésion à la Cour, « tant que celle-ci n'aurait pas à sa disposition un code de droit international d'après lequel elle pourrait juger ».

Cette conception a été justement critiquée par Messrs Hudson de l'Université de Harvard et Reeves de l'Université de Michigan et aussi par M. Kellogg. Si nous attendons la codification du droit international, dit le Secrétaire d'Etat, il n'y aura pas de Cour. Sans cesse de nouvelles questions se présentent. C'est surtout vrai depuis la guerre.

On ne peut aujourd'hui avoir un code à jour ; il

doit être constamment revisé. Certes, la codification du droit est une chose souhaitable ; mais c'est une œuvre de longue haleine et qui n'est jamais définitive.

Le 11 mai M. Borah fit un discours à Boston, dans une réunion de la « Unitarian Laymen's League ». Il insista sur le fait que la soi-disant Cour mondiale n'est en réalité que la Cour de la Société des Nations. Elle est aux ordres du Conseil pour lequel elle fait fonction de conseiller, que celui-ci peut suivre ou ne pas suivre. M. Borah ne croit pas à l'efficacité des réserves ; il faut, selon lui, que le Statut actuel de la Cour soit transformé et que celle-ci devienne indépendante. Certaines personnalités ont, aux Etats-Unis, l'impression que M. Borah, par ses interventions multipliées et par ses critiques répétées, veut déterminer une telle lassitude de l'opinion que finalement elle ne s'intéresse plus à la question et que celle-ci soit renvoyée aux Calendes grecques. A Boise, Idaho, le Sénateur déclare : « Si je devais démissionner du Sénat ou voter pour la Cour telle qu'elle est, je n'hésiterais pas une seconde ; je démissionnerais....» Et il ajoute que « la Cour n'est pas capable d'éviter la guerre ; elle ne peut pas faire comparaître une nation coupable, quel que soit le tort de cette nation, sans que cette nation consente. On ne voit pas une nation qui en attaque et en envahit une autre s'arrêter pour que la Cour puisse examiner le cas. »

Le 28 mai 1925, M. Borah développa son point de vue à Ann-Arbor devant les étudiants de l'Université de Michigan. « La Cour actuelle n'est pas autre chose qu'une (division) de la Société des Nations. Celle-ci promulgue la loi et donne la sanction ; si les Etats-Unis doivent adhérer, il semble qu'il serait préférable pour eux d'être à la direction qu'à la Cour. » M. Borah s'élève aussi contre la pratique des avis consultatifs, s'appuyant sur John Bassett Moore, le juge de nationalité américaine sur la Cour, et Elihu Root, lesquels estiment qu'un tel rôle n'est pas celui d'une Cour de Justice et que, finalement, le caractère de la dite Cour pourrait s'en trouver altéré. Il aborda également le problème des sanctions : « Nous n'estimons pas assez l'opinion publique ; c'est la plus puissante force du monde, actuellement ; il n'est pas nécessaire de soutenir les décisions de la Cour par la Force. La Force a failli. Elle a chargé les nations de dettes. Elle a rempli les cimetières et les hôpitaux de Pétrograd et de Berlin jusqu'à San-Francisco et Canton. Elle a répandu partout des germes de maladie et des ferments de haine. »

Pendant que M. Borah faisait ainsi campagne contre la Cour dans le Middle West le Président Coolidge donnait des interwiews sur le même sujet dans sa villégiature d'été, à Swampscott, Massachusetts. Il essayait d'influencer l'opinion de certains sénateurs en faveur de la Cour. L'un des plus importants parmi ces entretiens est celui qu'eut le Président avec le Sénateur Pepper.

Ce sénateur estime que l'adhésion des Etats-Unis à la Cour est désirée par la majorité de l'opinion publique et qu'elle est possible malgré l'opposition des « irréconciliables » ; mais à condition que le Statut actuel soit amendé, notamment en ce qui concerne la question des avis consultatifs. Il y a lieu de limiter rigoureusement le rôle de la Cour à cet égard. Il ne serait pas admissible, par exemple, que la Cour donne des conseils tant que l'un des Etats seulement en demande. Le Japon ne devait pas pouvoir demander avis sur la loi américaine relative à l'immigration.

Vers le milieu du mois d'Août, à la suite de nombreux entretiens avec des sénateurs et aussi sous la pression de l'opinion publique, le Président Coolidge se montra de plus en plus partisan de l'adhésion de l'Amérique.

M. Coolidge gagnait du terrain dans le pays parce qu'il se prononçait énergiquement en faveur d'une politique de réduction des dépenses et de diminution des impôts, et en même temps parce qu'il luttait contre l'isolement de l'Amérique. Le parti républicain affirme à nouveau son désir de collaboration avec les autres peuples à l'effet d'empêcher la guerre et de conserver la paix. Comme pas immédiat dans cette direction, il est favorable à la Cour Permanente et approuve l'adhésion des Etats-Unis dans les termes indiqués par le Président Coolidge. Mais il reste hostile à l'entrée des Etats-Unis dans la Société des Nations.

La question de l'adhésion à la Cour se posa dès l'ouverture du 69e Congrès, soit en décembre 1925. Comme base de discussion, l'on prit la résolution du Sénateur Swanson, demandant l'adhésion des Etats-Unis, mais avec les réserves Harding-Hughes-Coolidge. On avait pronostiqué une séance orageuse ; mais, au contraire, tout se passa dans le calme. Le Sénateur Swanson lut un long discours (4 ou 5 heures) en faveur de l'adhésion.

Il fut salué de quelques applaudissements — les leaders de l'opposition, MM. Borah, Norris, Johnson et Blease se bornèrent à suivre attentivement ce qui se disait et ce qui se passait. Quant à M. Reed, il était absent.

Personne ne demanda la parole pour répondre à M. Swanson, et la journée se termina dans le calme.

Dans les jours qui suivirent, on entendit quelques discours, notamment de M. Walsh en faveur de l'adhésion, et de M. Borah. Ce dernier s'efforça surtout de convaincre le Sénat que les opposants ne voulaient pas prolonger la discussion au-delà des limites raisonnables ; mais qu'ils voulaient seulement que le problème fut examiné sous toutes ses faces.

A Noël, le Sénat s'ajourna pour les fêtes et l'année

se termina sans que la position des divers partis fût modifiée.

Au début de l'année 1926, la lutte recommença plus active que jamais autour de l'adhésion à la Cour Permanente de Justice Internationale.

La question fut inopinément remise sur le tapis par le Sénateur Reed, l'un des irréconciliables, qui présenta une résolution contre la Cour. Il l'attaqua avec vigueur pendant plusieurs heures, la qualifiant de « League Court » et déclarant que l''élection de M. Moore n'était qu'un moyen de provoquer l'adhésion de l'Amérique.

D'après le sénateur, M. Moore jouait le rôle de « decoy-duck » dans la « mare de la Société des Nations». La résolution présentée par M. Reed était complexe : y figurait aussi la question des dettes internationales, de sorte que le vote qui suivit manqua un peu de netteté. Comme adversaires de l'adhésion, l'on rencontre surtout les sénateurs Borah, Brookhart, Blease, Dill, Frazier, Harreld, Howell, Johnson, Moses, Norbeck, La Folette, Mc. Master, Reed, Schall et Shipstead.

A la fin de l'après-midi du 7 janvier un « auti-court caucus » se réunit dans le bureau du Sénateur Borah : y assistaient les sénateurs Borah, Johnson, Reed, Blease, Dill, La Folette, Shipstead, Fernald. On se décida à une lutte à outrance, encore que le résultat ne fût pas douteux, du moins l'on espérait que l'adhésion pourrait être retardée.

Dans le groupe des partisans de l'accession des Etats-Unis, l'on n'était pas disposé à faire le jeu de l'opposition et le Sénateur Lenroot déclara que tout avait été dit et qu'il n'y avait plus qu'à passer au vote.

Pendant quelques jours les irréconciliables comptèrent quelques points : la question de la Cour fut mise de côté pour celle des impôts. Mais vers le 15 janvier, la situation devint aiguë : l'on fût amené à songer à la « clôture rule » : c'est un procédé destiné à couper court aux manœuvres dilatoires. Il est prévu par le 22ᵉ réglement récemment modifié. Cet article prévoit que lorsque 16 sénateurs signent une motion de clôture d'un débat en cours, cette motion est présentée au Sènat le surlendemain et que la discussion est déclarée close si les 2/3 des sénateurs votent en faveur de la motion. Voici d'ailleurs le texte de l'article 22 » : Si, à un moment ou à un autre, une motion signée par 16 sénateurs pour mettre fin à un débat est proposée au Sénat, le Président en fera part immédiatement à ses collègues et le surlendemain, une heure après la réunion du Sénat, il présentera cette motion au Sénat et priera le secrétaire de faire l'appel ; après s'être ainsi assuré de la présence d'un quorum, le Président saisira le Sénat d'un vote par oui ou par non, sans discussion : Le Sénat est-il d'avis de terminer le débat ? Si l'affirmative est admise par les 2/3 des votants, le Sénat s'occupera exclusivement de cette affaire jusqu'à terminaison,

« Nul sénateur n'aura le droit de parler plus d'une heure sur sa question ou sur les amendements s'y rattachant.

« Nul amendement nouveau ne sera recevable, sauf d'un accord unanime. Tous les incidents qui peuvent se produire sont tranchés sans débat. »

Jusqu'alors cet article 22 n'avait été appliqué qu'une seule fois, au moment du vote sur le Traité de Versailles, — car le Sénat est très chatouilleux sur la question de la liberté de parole.

La proposition de recourir à cet article fut provoquée par un discours du Sénateur Blease, en date du 15 janvier, qui répéta tout ce qui avait déjà été dit contre la Cour, et se mit à lire à la tribune Washington's Farewell Address, brimant ainsi en quelque sorte les partisans de l'adhésion.

Le 16 janvier le débat s'anima encore. Le Sénateur Moses s'étendit notamment sur les liens qui unissaient la Cour et la Société des Nations. Il s'attacha à montrer que l'adhésion pourrait amener une intrusion des Etats étrangers dans la politique intérieure des Etats-Unis (dettes internationales, immigration, etc.).

La motion de clôture gagnait cependant du terrain. Pour l'écarter, le Sénateur Borah déclara que les adversaires de l'adhésion n'avaient aucune intention de « brimer » leurs collègues et proposa de fixer la date du vote au 10 février.Cette proposition fut rejetée. Mais la clôture ne fut pas encore prononcée.

Le Sénat se composant de 96 sénateurs, 64 voix sont nécessaires pour la prononcer et 33 pour s'y opposer.

Le 18 janvier deux opinions se produisirent sur « le filibustering », l'une du Vice-Président Dawes, l'autre du Sénateur Wadsworth. Voici ce que dit le premier. : « Le public croit qu'un réglement qui peut produire une  situation comme celle qui existe au Sénat depuis 10 ans n'est pas bon. Le peuple éprouve du ressentiment à voir que le Gouvernement est rendu impuissant par suite de l'opposition de quelques sénateurs. Ces discussions sans fin jettent de la défaveur sur le Sénat et nuisent aux intérêts du pays. » Par contre, le sénateur Wadsworth déclara : « Le droit à la discussion est la seule arme dont puissent se servir les sénateurs des Etats populeux pour s'opposer aux « scale-reading through » de mesures contraires à l'intérêt de la majorité. Les « filibusters » sont rares et bien peu ont réussi à empêcher le passage d'une loi. Il faut qu'ils se sentent soutenus par l'opinion publique ; si non ils ne persisteraient pas dans une opposition systématique. Les faits démontrent que dans le passé, les oppositions soi-disant systématiques, ont toujours été en parties justifiées. En résumé, le Vice-Président Dawes se prononça pour « l'abréviation » de la discussion, tandis que le sénateur Wadsworth se prononça contre.

La discussion se poursuivit le dix-neuf. Le sénateur Reed prononça ce jour un discours d'une telle étendue qu'il demanda la permission au Sénat de faire lire par un employé du Sénat une citation de M. Audrew Carnegie, en date de 1893 qu'il désire rappeler, et cela pour lui permettre de reposer un peu sa voix. Quoique ce fût contraire aux usages, le Sénat l'admit. Des murmures se firent entendre en fin de journée, M. Reed n'ayant pas encore achevé son discours.

La journée du 20 fut fertile en incidents. M. Reed, qui s'était cru visé par le discours du Vice-Président Dawes attaqua vivement celui-ci ; lequel répondit qu'il n'avait aucunement voulu mettre en cause M. Reed mais plutôt le Sénateur Copeland de New York. Celui-ci protesta immédiatement et expliqua son attitude. Le Vice-Président, lui ayant adressé des excuses, l'incident fut clos.

Dans les couloirs, il y eut une altercation entre les Sénateurs Lenroot et Jonhson. Mais l'on restait toujours au même point.

Le 21 Janvier le Sénateur Reed parla, de nouveau, longuement ; puis, le Sénateur Harreld lui succéda, s'aidant d'une pile énorme de manuscrits qu'il lut sans discontinuer. Mais la patience de l'Assemblée était à bout, et le 22 janvier, 48 sénateurs signèrent une pétition demandant l'application de l'article 22.

La pétition fut présentée par le Sénateur Lenroot et signée de 24 Républicains et de 24 Démocrates.

La pétition de M. Lenroot occasionna un vif débat. Pendant que le Sénateur Reed parlait encore de la Cour, M. Lenroot fît passer la pétition au fonctionnaire chargé du service de la séance, avec prière d'ajourner au lendemain. Le Sénateur Reed protesta ; mais le Vice-Président Dawes lui retira la parole, sous le prétexte qu'une motion d'ajournement n'était pas sujette à débat. On « ergota » sur le texte, et le Sénateur Reed put accuser le Sénat de vouloir étrangler le débat.

Le 23 se passa dans un calme relatif. L'on ne doutait pas que la clôture ne fût votée, et l'on portait son attention sur les réserves à insérer dans l'acte d'adhésion. Se contenterait-on des réserves Harding-Hughes-Coolidge ? En ajouterait-on d'autres ?

Le Sénateur Borah prit l'initiative de deux réserves

Voici les noms des répubicains.

Curtiss, Lenroot, Phipps, Hale, Metcalfe, Goff, Smoot, Gillett, Willis, Fess, Sackett, Capper, Butler, Pepper, Deneen, Cummins, Couzens, Jones, (de Washington) Bingham, Warren, Ernst, Mc. Lean, Reed (de Pennsylvania) et Weller.

Voici les noms des Démocrates :

Ashurt, Jones (de New Mexico) Ferris, Bratten, King, Simmens, Robinson (de Arkansas), Swanson, Fletcher, Edwards, Sheppard, Morris, Mayfield, Mc. Keller, Jelflin, Neely, Walsh, Caraway, Tyson Kendrick, Overman, Randsdell, Bruce, et Underwood.

nouvelles : la première stipulait que, lors de l'élection des juges, chaque Etat adherent, ne disposerait que d'une voix. Par conséquent l'Empire Britannique qui aujourd'hui a 7 voix à l'Assemblée de la Société des Nations n'en aurait plus qu'une. La seconde était relative aux avis consultatifs. Elle déclarait que la Cour ne pourrait donner un avis dans une matière où les Etats-Unis seraient impliqués, sans que que ceux-ci consentent ; c'est-à-dire pratiquement sans l'assentiment du Sénat.

Quant au Sénateur Swanson, il proposa l'adhésion, en se référant au message du Président en date du 24 février 1923, mais avec les réserves suivantes :

1º L'adhésion des Etats-Unis à la Cour n'emporte pas adhésion à la Société des Nations, ni au Traité de Versailles.

2º Les Etats-Unis prendront part à l'élection des juges titulaires et suppléants sur un pied d'égalité avec les Etats membres du Conseil et de l'Assemblée de la Société des Nations.

3º Les Etats-Unis paieront une part convenable des dépenses de la Cour, le paiement étant subordonné au vote du Congrès.

4º Les Etats-Unis pourront toujours se retirer de la Cour et le Statut de celle-ci ne sera pas amendé sans leur consentement.

5º La Cour ne donnera que des avis consultatifs publics, après avoir prévenu les Etats adhérents et les Etats intéressés qui auront toute liberté de produire les arguments qu'ils désireront. En outre, dans le cas où les Etats-Unis seraient en cause, leur consentement sera nécessaire pour qu'un avis consultatif puisse être rendu.

L'adhésion des Etats-Unis ne deviendra définitive qu'après acceptation de ces réserves par les autres Etats.

Il est en outre nettement spécifié que le recours à la Cour pour le règlement des conflits entre les États-Unis et d'autres Etats n'aura lieu que s'il y a un accord soit général, soit spécial entre les Parties. Il est en outre entendu que l'adhésion des États-Unis n'implique aucunement qu'ils recourent à leur politique traditionnelle de « not intruding upon, interfering or entangling itself » dans les questions d'administration intérieure d'un pays étranger, ni non plus à leur doctrine de non intervention des autres États dans les affaires américaines. L'adhésion des États-Unis est subordonnée à la condition expresse que les problèmes de l'admission des étrangers en Amérique, de l'intégrité territoriale, des dettes et des obligations financières des divers États, bref tout ce qui est contenu sous le nom de doctrine de Monroë ne soit déféré à la Cour que du consentement des États-Unis.

Le lundi 25 janvier, le Sénat, par 68 voix contre 26 vota la clôture et par suite la question de l'adhésion allait recevoir une solution presque immédiate. 94

sénateurs sur 96 prirent part au vote. Il n'y eut que deux abstentions : le Sénateur Du Pont (républicain) était malade et il fut indiqué au Sénat que s'il avait pu être présent il eût voté pour ; quant au Sénateur Copeland il avait été blessé dans un accident d'automobile, mais il était un partisan de l'adhésion des États-Unis à la Cour.

Plusieurs réserves nouvelles furent ajoutées à celles des Sénateurs Borah et Swanson. L'une émanait du Sénateur Reed et tendait à préciser que les avis consultatifs de la Cour ne joueraient pas pour l'Amérique et que la Doctrine de Monroë devait être regardée comme un principe de droit international. L'autre, du Sénateur Frazier (de North Dakota) était ainsi conçue : « Vu la différence d'opinion qui se manifeste quant aux réserves Harding-Hughes les uns y voyant un moyen légitime de sauvegarder les droits des États-Unis ; d'autres, une sorte d'injure pour les nombreuses nations adhérentes à la Cour, il paraît plus expédient de décider seulement que les États-Unis adhèrent, mais gardent la faculté de retirer leur adhésion à un moment quelconque et sans que leur retraite puisse être considérée comme un acte inamical. »

Le Sénateur Moses de New Hamphsire proposa également des réserves tendant à ce que : 1º Aucune révision du Statut de la Cour ne puisse se faire sans la réunion d'une Conférence des Nations adhérentes convoquées dans ce but. Ces révisions ne deviendront définitives qu'après avoir été ratifiées par chaque Pays dans la forme prévue par sa constitution pour ce qui concerne les Traités.

2º Les membres de la Cour doivent désormais être à la majorité par les membres des groupes nationaux de la Cour Permanente d'Arbitrage de la Haye.

3º Que le budget de la Cour soit réglé par le Greffe de la Cour Permanente d'Arbitrage de la Haye, qui déterminera la part de chaque État d'après les règles en vigueur pour ce qui est des organes internationaux.

4º Que la Cour ne rende pas d'avis consultatif à moins que toutes les parties intéressées ne le demandent. En ce qui touche les États-Unis l'agrément du Sénat sera nécessaire.

5º Enfin jamais les arrêts, avis consultatifs et autres décisions de la Cour de Justice ne seront susceptibles d'être ramenés à exécution par la voie des armes.

Le Sénateur Shipstead, de Minnesota, soumit au Sénat les propositions de réserves suivantes :

1º Les questions de prêts faits par l'Amérique, des corporations américaines ou des citoyens américains à des pays étrangers ne pourront être déférées à la Cour qu'avec l'assentiment du Congrès des États-Unis.

2º La Cour de Justice n'examinera aucune affaire qui du jugement exclusif des États-Unis, c'est-à-dire, sans tenir compte d'un point de vue différent des autres pays, se rattache à la Doctrine de Monroë.

3° Que l'avis consultatif rendu par la Cour dans l'affaire des Résidents de Tunisie ne puisse constituer un précédent, les questions de nationalité sur le territoire américain étant de la compétence exclusive de l'Amérique.

4° La Cour n'interviendra pour résoudre les litiges entre pays que du consentement express de ces pays.

Il est bien entendu que les États-Unis demeurent fidèles à leur politique de non-intervention et à la Doctrine de Monroë, et que la Cour ne rendra pas d'avis consultatifs sur la question de l'admission et du séjour des étrangers sur le sol américain, ni sur celle des conditions de travail (Partie XIII du Traité de Versailles). Le Sénateur Shipstead prohibait aussi le recours aux armes pour l'exécution des décisions de la Cour.

La discussion des réserves fut aussi calme que la discussion de la clôture avait été mouvementée. Il y eût débat sur le point de savoir si avant de déférer à la Cour un litige où les États-Unis ne seraient pas impliqués, il serait nécessaire d'obtenir, comme pour la ratification des Traités, les 2/3 des voix du Sénat.

La première réserve proposée par le Sénateur Swanson stipulait que l'adhésion des États-Unis à la Cour n'emportait pas adhésion à la Société des Nations, ni au Traité de Versailles. Elle fut votée par 89 voix contre 1 (celle du Sénateur Frazier).

La deuxième proposait la participation des États-Unis au Conseil et à l'Assemblée de la Société des Nations pour l'élection des juges ; elle fut adoptée par 83 voix contre 8 (Blease, Borah, Frazier, La Folette, Moses, Reed, Williams et Shipstead).

La troisième faisait participer les États-Unis au budget de la Cour ; elle fut admise par 89 voix contre 3 (Blease, Frazier et Harreld).

La quatrième décidant que le Statut de la Cour ne pourrait pas être amendé sans le consentement des États-Unis recueillit 89 voix contre 1 (Blease).

La cinquième réserve fut votée paragraphe par paragraphe.

Le § 1 fut adopté par 91 voix contre 1 (Blease). Il stipulait qu'aucun avis consultatif sur des questions où les Etats-Unis seraient en cause ne pourrait être émis sans l'assentiment des États-Unis.

Le § 2 déclare que la signature d'adhésion des États-Unis ne sera donnée qu'après que les Puissances signataires auront accepté les réserves des Etats-Unis. Ce paragraphe avait été ajouté à la dernière heure ; c'était une victoire des opposants, car il permet à certaines Puissances de s'opposer en fait à l'adhésion des États-Unis en refusant d'accepter les réserves.

D'autre part, l'adhésion se trouverait ainsi beaucoup retardée, puisqu'il fallait obtenir l'agrément de près de 50 États. Ce paragraphe fut admis sans vote.

Quant au § n° 3, il fut aussi adopté *viva-voce*. Il

est relatif à la nécessité d'obtenir l'assentiment du Sénat pour qu'un conflit entre les États-Unis et un autre État soit réunit à l'arbitrage. Le paragraphe final prévoyait que l'Amérique, en adhérant, ne renonçait nullement à sa politique traditionnelle de non-intervention, ni à la Doctrine de Monroë. Le Sénateur Reed propose une addition ainsi conçue : « Il est, en outre, décidé que la Doctrine de Monroë doit être tenue pour un principe de droit international qui lie la Cour. » Le Sénateur Shortridge combattit cet amendement ; il fit remarquer que le caractère de la Doctrine de Monroë qui est d'être américaine serait ainsi dénaturé si elle devenait mondiale. L'amendement fut rejeté par 82 voix contre 6 (Blease, Copeland, Harreld, Johnson, Moses et Reed). Le paragraphe final de la réserve n°5 fut alors adopté *viva voce*, et le Sénat s'ajourna.

Le vote définitif eut lieu le 27 janvier à 7 h. 52 du soir. L'adhésion fut adoptée par 76 voix contre 17. Voici les résultats de ce vote.

Pour : 76
Républicains : 40

| | | | |
|---|---|---|---|
| Bingham | Ernst | Mckinley | Phipps |
| Butler | Fess | Mc Lean | Reed (Pa.) |
| Cameron | Gillett | Mc Masters | Sackett |
| Capper | Goff | Mc Nary | Shortridge |
| Couzens | Gooding | Means | Smoot |
| Cummins | Hale | Metcalf | Stanfield |
| Curtis | Howell | Norbeck | Wadsworth |
| Dale | Jones (Wash) | Norris | Warren |
| Deneen | Keyes | Oddie | Weller |
| Edge | Lenroot | Pepper | Willis |

Démocrates : 36

| | | | |
|---|---|---|---|
| Ashurst | Fletcher | King | Simens |
| Bayard | George | Mc Kellar | Smith |
| Bratton | Gerry | Mayfield | Stephens |
| Broussart | Glass | Neely | Swanson |
| Bruce | Harris | Overman | Trammell |
| Caraway | Harrison | Pittman | Tyson |
| Copeland | Heflin | Randsdell | Underwood |
| Edwards | Jones (N. M.) | Robinson (Ark.) | Walsh |
| Forrts | Kendrick | Sheppard | Wheeler |

Contre : 17
Républicains : 14

| | | | |
|---|---|---|---|
| Borah | Harreld | Nye | Schall |
| Brookhart | Johnson | Pine | Watson |
| Fernald | La Follette | Robinson (Ind) | Williams |
| Frazier | Moses | | |

Démocrates : 2

| | | | |
|---|---|---|---|
| Blease | Reed (Missouri) | Farm Labor : 1 | Shipstead |

Les sénateurs du Pont (de Delaware), Gerry, du Vermont (républicains) et Dill (de Washington), étaient absents. M. Dill fut « paired » pour la résolution et les autres contre.

Les adversaires de la Cour se montrèrent surtout actifs au sujet d'une réserve proposée par le Sénateur Moses, du New-Hampshire, et ainsi libellée: « Il est entendu que l'adhésion des États-Unis à la Cour est faite sous la condition que jamais la force armée ne sera mise au service de la Cour pour l'exécution de ses arrêts. » Après un débat qui dura presque 5 heures la dite résolution fut rejetée par 69 voix contre 22.»

## POUR LA RÉSERVE MOSES : 22

| | | | |
|---|---|---|---|
| Borah | Johnson | Norris | Schall |
| Brookhart | La Follette | Nye | Watson |
| Couzens | Mckinley | Pine | Weller |
| Frazier | Moses | Robinson | Williams |
| Harreld | | | |

## RÉPUBLICAINS : 17. — DÉMOCRATES : 4

| | | | |
|---|---|---|---|
| Blease | Copeland | Reed (Mis.) | Wheeler |
| | | Farm Labor : 1 | |
| | | Shipstead | |

## CONTRE LA RÉSERVE MOSES : 69

| | | | |
|---|---|---|---|
| Bingham | Ernst | Lenroot | Phipps |
| Butler | Fess | Mc Lean | Reed (Penn) |
| Cameron | Gillett | Mc Master | Sackett |
| Capper | Goff | Mc Mary | Shortridge |
| Cummins | Gooding | Means | Smoot |
| Curtis | Hale | Metcalf | Stanfield |
| Hale | Howell | Norbeck | Wadsworth |
| Deneen | Jones (Wash) | Oddie | Warren |
| Edge | Keyes | Pepper | Willis |

### RÉPUBLICAINS : 36

| | | | |
|---|---|---|---|
| Ashurst | George | Mc Kellar | Simmons |
| Bayard | Gerry | Mayfield | Smith |
| Bratton | Glass | Neely | Stephens |
| Broussard | Harris | Overmann | Swanson |
| Bruce | Harrison | Pittman | Trammell |
| Caraway | Heflin | Ransdell | Tyson |
| Edwards | Kendrick | Robinson (Ark) | Underwood |
| Fletcher | King | Sheppard | Walsh |
| Ferris | | | |

### DÉMOCRATES : 33.

Autres réserves qui furent rejetées sont : 1° Celle des Sénateurs Borah et Reed, ceux-ci demandant que, dans l'élection des juges, chaque État ne dispose que d'une voix, soit au Conseil, soit à l'Assemblée : c'étaient l'Angleterre et les Dominions qui étaient visées ; 73 sénateurs se prononcèrent contre, 20 pour.

2° celle du Sénateur Shipstead demandant que les questions de dettes des Etats étrangers par rapport à l'Amérique ne puissent être soumises à la Cour qu'avec l'assentiment du Congrès : 74 voix contre, 16 pour. D'autres amendements du même sénateur furent repoussés *viva voce*.

Le sénateur Frazier proposa que les flottes de guerre du monde soient détruites, à l'exception de quelques vaisseaux destinés à la police internationale des mers. Cette proposition fut également rejetée *viva voce*.

Le même sort fut fait à des réserves du Sénateur Moses, du Sénateur Williams et du Sénateur Reed.

Voici le texte qui fut définitivement voté : « Vu que le Président en date du 24 février 1923 a transmis un message au Sénat avec une lettre du Secrétaire d'État en date du 17 février 1923, demandant le bienveillant conseil et consentement du Sénat à l'adhésion des États-Unis au Protocole du 16 décembre 1920 et au statut de la Cour Permanente de Justice Internationale (exception faite de la disposition facultative y énoncée) sous les conditions ci-dessous indiquées :

Il est décidé (les 2/3 des sénateurs présents consentant) que le Sénat conseille et consent à l'adhésion des États-Unis au dit Protocole du 16 décembre 1920 et au statut annexe de la Cour Permanente de Justice Internationale, exception faite de la disposition facultative y énoncée, sous les conditions suivantes qui doivent faire partie intégrante de l'acte d'ahésion.

1° Cette adhésion n'entraînera pour les États-Unis aucune obligation vis-à-vis de la Société des Nations ou du Traité de Versailles.

2° Les États-Unis participeront sur un pied d'égalité avec leurs États membres du Conseil et de l'Assemblée de la Société des Nations à l'élection des juges titulaires et des juges suppléants.

3° Les Etats-Unis paieront une part raisonnable des dépenses de la Cour ; cette part sera contrôlée par le Congrès.

4° Les États-Unis pourront se retirer à tout moment et le statut de la Cour ne pourra pas être amendé sans le consentement des États-Unis.

5° La Cour ne rendra des avis consultatifs qu'après en avoir avisé tous les États adhérents à la Cour et tous les États intéressés, et après leur avoir donné le moyen de se faire entendre ; quand les États-Unis seront en cause, il faudra leur consentement.

La signature des États-Unis ne sera donnée qu'après que les Puissances adhérentes auront déclaré admettre toutes ces réserves.

Il est encore spécifié que les litiges dans lesquels les Etats-Unis seront impliqués ne seront soumis à la Cour que s'il y a un traité d'arbitrage, soit général, soit spécial, et que les principes traditionnels de la politique américaine (non-intervention et doctrine de Monroë soient maintenus. »

Voici une brève revue des appréciations de la presse au sujet du vote du Sénat et des réserves. Le New York World écrit :

« Les amis de la coopération internationale ne peuvent méconnaître leur victoire. Le vote pour l'adhésion comprend en substance tout ce que les partisans de la Cour demandaient et les réserves sont ou avantageuses ou inoffensives. Le Sénat s'est obligé à soumettre à la Cour des litiges d'ordre juridique. » (1).

La Philadelphia Public Ledger est moins optimiste : d'après lui, l'adhésion constitue une sorte de compromis entre les partisans et les adversaires de la Cour. « C'est un geste qui, sans valeur à bien des égards, est cependant mieux que rien. Avec le temps, les Américains se familiariseront avec la Cour ; le premier pas est fait.... » (2)

Le Springfield Republican écrit : « C'est à l'administration du Président Coolidge que revient l'honneur

(1) Le New York World 28 janvier 1926.
(2) Le Philadelphia Public Ledger, même date.

d'avoir été l'instigateur principal de l'adhésion des
Etats-Unis à la Cour mondiale.

« Ce n'est pas un succès de parti, car l'aide généreux
des démocrates était indispensable. L'action du Président Coolidge a d'ailleurs été devancée par celle de
son prédécesseur. » (1)

Le Chicago Tribune croit que « les autres nations
accepteront l'adhésion telle qu'elle est offerte. Les
réserves sont justifiées.... » (2)

De quoi sera fait demain ? Les Puissances adhérentes à la Cour Permanente de Justice Internationale admettront-elles l'Amérique et des réserves ?
Ne craindront-elles pas que l'exemple ne soit fâcheux
et qu'il n'entrave l'œuvre de la Cour ? Dans cette
hypothèse, les Etats-Unis se subsisteront-ils de leurs
exigences et finiront-ils par adhérer sans conditions ?
Il y a là toute une série de questions sur lesquelles
l'on ne peut émettre que des conjectures.

Depuis le vote du Sénat, il s'est cependant produit
certains faits qui méritent d'être signalées. Tout
d'abord, l'opposition n'a pas désarmé. En voici un
exemple. En avril dernier l'Illinois a procédé à l'élection de deux sénateurs. Un ancien sénateur républicain, M. William Mc. Kinley, partisan de l'adhésion,
n'a pas réussi à se faire élire. Il a été battu a une forte

(1) Le Springfield Republican, même date.
(2) Le Chicago Tribune, même date.

majorité par un adversaire de l'adhésion qui avait l'appui du Sénateur Borah. Il est vrai que l'Illinois s'est toujours prononcé pour la politique d'isolement, mais le résultat de l'élection doit cependant retenir l'attention ; dans l'intérieur de l'Amérique l'opposition à la Cour n'a pas entièrement disparu.

Dans un autre ordre d'idées, l'on doit relever l'attitude du Gouvernement américain vis-à-vis de la Société des Nations en ce qui touche la question des réserves. On a songé à provoquer une conférence spéciale à Genève en septembre prochain dans laquelle les représentants de l'Amérique expliqueraient les raisons d'être des réserves, mais les États-Unis ont rejeté cette suggestion par une notification de la légation américaine à Berne à la Société des nations, le 19 avril 1926. Le Secrétaire d'État Kellogg estime que la question doit être traité d'État à État, c'est-à-dire directement entre les États-Unis et les 48 puissances adhérentes. Ce point de vue a suscité de vives critiques. Il est cependant hors de doute que la procédure proposée par M. Kellogg peut se justifier. On a dit que si c'était le dernier mot de l'Amérique, l'adhésion resterait lettre morte. Mais les faits ne permettent pas d'être aussi pessimiste. Plusieurs États ont déjà admis les réserves de l'Amérique : Cuba et la Belgique, par exemple. Sans doute il s'agit là de Puissances de second ordre, mais c'est un exemple qui peut bien être suivi par les autres États.

Pour finir, on peut noter que la Chambre des Représentants des États-Unis avait de beaucoup devancé le Sénat dans cette voie. Le 17 avril 1924, une résolution fut présentée à la Chambre par M. Moore, représentant démocrate de la Virginie, membre du Comité des Affaires Etrangères, demandant l'adhésion des États-Unis à la Cour Permanente de Justice. Le 2 janvier 1925, M. Hamilton Fish, représentant républicain de New York présenta une résolution dans le même sens. Il ne méconnaissait pas que la Chambre des Représentants n'a pas de pouvoir en matière de traités ; mais néanmoins il croyait bien que la Chambre prit parti. Le 3 février 1925, la Chambre des Représentants adopta, en effet, une résolution en faveur de l'adhésion ainsi conçue :

« Vu qu'une Cour mondiale, encore sous le nom de Cour Permanente de Justice Internationale a été instituée et fonctionne à la Haye, vu que la politique traditionnelle des États-Unis a toujours été hostile à la guerre et favorise le règlement pacifique des litiges internationaux par l'arbitrage et les procédés juridiques, vu que cette Cour avec son organisation et son développement probable, paraît devoir aider à la résolution pacifique des conflits d'ordre internationale ;

« Il est décidé : que la Chambre des Représentants exprime sa cordiale approbation de la susdite Cour et émet le vœu que les États-Unis adhèrent de suite au Protocole avec les Réserves recommandées par le Président Harding et le Président Coolidge. »

On a estimé dans certains milieux américains, que la Chambre des Représentants avait ainsi outrepassé ses attributions ; mais son attitude n'en est pas moins intéressante et suggestive, puisqu'elle représente plus directement que le Sénat l'opinion du peuple américain.

CONCLUSION

Le 27 janvier 1926, le Sénat, sous la pression de
l'opinion publique, a donc voté l'adhésion des États-
Unis à la Cour Permanente de Justice Internationale.
Mais il ne le fait que sous réserves. Que convient-il
de penser de cette attitude ?

Comme on l'a vu, ce fut la résolution Swanson qui
fut adoptée. Or, que contenait cette résolution ? Tout
d'abord les réserves Harding-Hughes qui, ainsi qu'on
le sait, ont toujours été approuvées par l'opinion publique et qui paraissent, en effet justifiées.

Que disent-elles, sinon des choses qui vont presque
de soi ? A savoir que l'adhésion à la Cour ne vaut pas
adhésion à la Société des Nations, ni au Traité de Versailles ; que les États-Unis, du point de vue de l'élection des juges, doivent être sur un pied d'égalité avec
les autres grandes Puissances ; qu'ils doivent prendre
à leur charge une part légitime des dépenses de la
Cour. Cette part, doit, il est vrai, être déterminée par
le Congrès ; mais il n'est pas douteux que le Congrès

ne veut ici qu'exercer un contrôle et qu'il votera les crédits convenables ; et qu'enfin, le Statut de la Cour ne pourra pas, après l'adhésion des États-Unis, être modifié sans leur assentiment.

Il faut noter que la révision du Statut de la Cour n'est pas prévue dans le Statut lui-même. La thèse de l'Amérique paraît donc être qu'il ne saurait être révisé que d'un consentement unanime. C'est toujours l'idée d'égalité des États qui reparaît ici.

Mais on peut observer que l'Amérique prend à cet égard trop de précautions ; puisque d'autre part elle se réserve le droit de se retirer à tout instant. Il est exagéré de cumuler ainsi et de dire : pas de modification sans l'assentiment des États-Unis et les États-Unis ont toujours le droit de retraite.

Mais la Résolution Swanson manifeste d'autres craintes plus discutables. Cette faculté de retraite à tout instant n'aurait pas dû, semble-t-il, être soulignée. Elle est assez désobligeante pour les autres États. Que dire d'une personne qui demanderait à entrer dans un cercle et qui se réserverait en même temps le droit de démissionner à tout instant ?

Bien plus grave est la stipulation par laquelle les États-Unis déclarent qu'aucun avis consultatif ne pourra être donné sur les questions américaines ou questions considérées par les États-Unis comme américaines. Voici un « cas » qui est fort susceptible de se produire. Une difficulté nait entre les États-Unis et le Japon à l'égard des Iles Philippines. Les États-Unis estiment que c'est un problème d'ordre interne ; le Japon soutient qu'elle a un caractère d'ordre international. Que décider ? Si la susdite réserve est entendue au point de vue littéral, et admise par les autres États, l'adhésion des États-Unis à la Cour perd beaucoup de sa portée. Mais peut-être la pratique corrigera-t-elle ce que cette réserve a de trop absolu.

La résolution Swanson ajoute que l'adhésion est subordonnée à l'admission des Réserves par les autres États. C'est logique ; mais que feront ces autres Etats ? On ne peut le pronostiquer de façon certaine ; mais dans les milieux les plus qualifiés, on estime qu'ils les accepteront. C'est notamment l'avis de l'éminent jurisconsulte français, M. Weiss, Vice-Président de la Cour.

En effet, qu'est-ce qui importe essentiellement ? C'est l'adhésion des États-Unis. Les réserves ne sont que l'accessoire.

Les autres Puissances tiendront sans doute à faciliter l'entrée des États-Unis comme elles l'ont fait pour la Suisse en ce qui concerne la Société des Nations. Celle-ci a pu, tout en restant neutre, faire partie de la Société des Nations.

L'Amérique pourra, sans doute, adhérer à la Cour Permanente de Justice, tout en sauvegardant sa politique traditionnelle et même ses susceptibilités.

Nous voulons faire allusion à la doctrine de Monroë qui n'est plus adaptée à la situation actuelle des États, mais qui reste pour les États-Unis une sorte de drapeau sous lequel ils abritent des conceptions qui leur sont chères et qui consistent essentiellement en ce qu'ils entendent rester souverains. Il y a un compromis difficile à trouver entre la souveraineté d'un État et les sacrifices qu'il doit à l'humanité. L'Amérique reste plus nationaliste qu'internationaliste. Néanmoins elle vient de faire un grand pas vers l'exacte compréhension des relations qui doivent s'établir entre les peuples civilisés.

# TABLE DES MATIÈRES

—

## PREMIÈRE PARTIE



### CHAPITRE I

#### LA COUR SUPRÊME DES ETATS-UNIS ET LA COUR PERMANENTE DE JUSTICE INTERNATIONALE

## CHAPITRE II

### LE ROLE DES ÉTATS-UNIS DANS L'ÉVOLUTION DES PROCÉDURES D'ARBITRAGE VERS LES PROCÉDURES JUDICIAIRES

## DEUXIÈME PARTIE

### CHAPITRE I

LA CRÉATION, L'ORGANISATION, LA COMPÉTENCE
ET LA PROCÉDURE
DE LA COUR PERMANENTE DE JUSTICE INTERNATIONALE.

## CHAPITRE II

### L'ŒUVRE DE LA COUR PERMANENTE DE JUSTICE INTERNATIONALE.

## TROISIÈME PARTIE

### [CHAPITRE I

L'ADHÉSION DES ÉTATS UNIS A LA COUR PERMANENTE
DE JUSTICE INTERNATIONALE ET L'OPINION PUBLIQUE.

## CHAPITRE II

L'ADHÉSION DES ÉTATS-UNIS A LA COUR PERMANENTE DE JUSTICE INTERNATIONALE ET LES MILIEUX OFFICIELS

Malgré leur rôle important dans le développement de la règle-

## CONCLUSION

# BIBLIOGRAPHIE

Balch, *A World Court in the Light of the United States Supreme Court. Watson on the Constitution.*

Meyer, *Works of the United States Supreme Court*

Elliot, *Biographical History of the Constitution.*

Scott, *Judicial Settlement of Controversies*, etc.

Scott, *An International Court of Justice* : Letter and Memorandum to the Netherland Minister of Foreign Affairs, etc.

Scott, *The project relative to a Court of Arbitral Justice* : draft convention and report adopted by the Second Conference of 1907, with an introductory note.

Smith, *The American Supreme Court as an International Tribunal..*

Morris, *International Arbitration and Procedure*

Politis, *La Justice Internationale.*

Morellet, *L'organisation de la Cour Permanente de Justice Internationale*

Wehberg, *The Problem of an International Court of Justice.*

Bustamante, *La Cour Permanente de Justice Internationale.*

Hudson, *The Permanent Court of International Justice.*

Kellor, *The United States of America in relation to the Permanent Court of International Justice of the League of Nations and in relation to the Hague tribunal.*

Moore, *International Arbitrations*.

De Lapradelle et Politis, *Recueil des Arbitrages Internationaux.* Proceedings of the American Society for the Judicial Settlement of International Disputes : years 1910-1916 ; notamment articles par Hull, Snow, Judson, Stockton, Montague et Taft.
*American Journal of International Law.*
Publications de la World Peace Foundation.
*The Federalist.*

Brochures par le Federal Council of Churches of Christ in America,
la Foreign Policy Association, la League of Nations Non-Partisan
Association, l'American Peace Foundation, la National League
of Women Voters, etc., etc.
Lettres et communications privées.


## DOCUMENTS OFFICIELS


Court Reports : United States Court Reports, Dallas, Peters,
Howard, Wallace, etc...

Constitution américaine.

Articles de Confédération.

Constitutions des Etats particuliers et la Wheeling Convention
de 1861.

Publications de la Première Conférence de la Paix.

Publications de la Deuxième Conférence de la Paix ; Actes et
Documents.

Procès-verbaux des Séances du Comité Consultatif des Juristes

Documents de la Société des Nations : documents de l'Assemblée, comptes-rendus des séances, Procès-verbaux des Commissions, etc..

Rapports, etc..

Statut de la Cour Permanente de Justice Internationale.

Règlement de la Cour Permanente de Justice Internationale.

Publications officielles de la Cour Permanente de Justice Internationale *Congressional Record*.

Resolutions officielles du Sénat et de la Chambre des Représentants.

Il a été étudiée également toute une série d'articles qui ont
paru dans les revues et journaux, mais qui sont beaucoup trop
nombreux pour signaler ici. Aussi peut-on noter que, si l'on cherche
une bibliographie étendue sur notre sujet, on doit consulter celles
de Hudson, Wehberg et Bustamante dans leurs livres sur la Cour,
et aussi celle dans les documents officiels de la Cour.

# A EVELYN FORSYTH EGBERT



*Avec grande admiration pour son courage et sa patience,*

*Avec gratitude profonde pour sa loyauté et sa coopération,*

*Et en reconnaissance*

*du charme et de la beauté de sa personne bien unique,*

*Cette thèse est affectueusement dédiée.*

# A EVELYN FORSYTH EGBERT

MA FEMME BIEN AIMÉE


*Avec grande admiration pour son courage et sa patience,*

*Avec gratitude profonde pour sa loyauté et sa coopération,*

*Et en reconnaissance*

*du charme et de la beauté de sa personne bien unique,*


*Cette thèse est affectueusement dédiée.*

# A EVELYN FORSYTH EGBERT

MA FEMME BIEN AIMÉE

*Avec grande admiration pour son courage et sa patience,*

*Avec gratitude profonde pour sa loyauté et sa coopération,*

*Et en reconnaissance*

*du charme et de la beauté de sa personne bien unique,*

*Cette thèse est affectueusement dédiée.*